中国教育科学研究院
China National Academy of Educational Sciences

全球数字教育
发展指数报告
2024

Global Digital Education
Development Index Report 2024

世界图景与中国方位
World Overview and China's Position

中国教育科学研究院　著
China National Academy of Educational Sciences

教育科学出版社
·北京·

出 版 人　郑豪杰
责任编辑　秦　欢
版式设计　沈晓萌
责任校对　贾静芳
责任印制　米　扬

图书在版编目（CIP）数据

全球数字教育发展指数报告. 2024：世界图景与中
国方位/中国教育科学研究院著. -- 北京：教育科学
出版社，2025. 4. -- ISBN 978-7-5191-4424-1

Ⅰ. G434

中国国家版本馆CIP数据核字第20256PD844号

全球数字教育发展指数报告2024——世界图景与中国方位
QUANQIU SHUZI JIAOYU FAZHAN ZHISHU BAOGAO 2024——SHIJIE TUJING YU ZHONGGUO FANGWEI

出 版 发 行	教育科学出版社				
社　　　址	北京·朝阳区安慧北里安园甲9号		邮　　编	100101	
总编室电话	010-64981290		编辑部电话	010-64989421	
出版部电话	010-64989487		市场部电话	010-64989009	
传　　　真	010-64891796		网　　址	http://www.esph.com.cn	
经　　　销	各地新华书店				
制　　　作	北京天泽润科贸有限公司				
印　　　刷	天津市银博印刷集团有限公司				
开　　　本	890毫米×1240毫米　1/16		版　　次	2025年4月第1版	
印　　　张	6.75		印　　次	2025年4月第1次印刷	
字　　　数	74千		定　　价	33.00元	

序　言

当今世界，数字教育已成为教育转型发展的崭新赛道。联合国教科文组织（UNESCO）、经济合作与发展组织（OECD）、欧盟（EU）等国际组织以及越来越多的国家纷纷出台数字教育发展战略，系统谋划，持续发力，推动全球数字教育发展，使其呈现蓬勃生机。评价是促进发展的关键要素。在全球聚力数字教育发展之际，国际社会也愈加关注数字教育评价凝聚共识、监测水平、引领发展的重要作用，致力于全球、区域和国家层面的评价改革与创新实践。但总体而言，数字教育评价还存在诸多不足，例如尚未真正形成具有广泛共识性的国际评价体系、国际可比的高质量数据、完善的国际评价合作机制等，制约了评价对数字教育发展发挥积极作用。2023 年与 2024 年，中国连续两年召开世界数字教育大会，向国际社会郑重发出"让数字教育公平惠及每个人，携手实现联合国 2030 年可持续发展目标"的倡议，呼吁将评价作为推动全球数字教育协同发展的重要抓手，携手共进，全力探索和推动数字教育变革，引领全球数字教育高质量发展。

为落实两届世界数字教育大会的倡议精神，破解数字教育评价的国际难题，实现对全球数字教育发展水平综合全面的监测评价，促进各国数字教育发展的交流互鉴，经综合分析研判，我们从全球 200 余个国家中筛选出覆盖全球各主要地区、不同经济水平和人口规模的 62 个数字教育先发国家，开展了全球数字教育发展指数（Global Digital Education Development Index，GDEI）评价研究。根据对上述国家的数字教育发展指数的计算，我们撰写了全球数字教育发展指数报告，力求全景式地勾勒出全球数字教育发展样态。

全球数字教育发展指数报告由四个部分组成：第一部分，对全球数字教育发展总体情况及分维度情况进行概要分析；第二部分，重点分析中国在全球视角下的数字教育发展位次及现实发展情况；第三部分（附件1），对指数的评价理论与方法进行系统阐述；第四部分（附件2），对排名前20的国家数字教育发展的重要证据进行系统梳理与全面呈现。

目　录

图表目录

一 数字教育发展的全球概览

（一）全球数字教育呈现多阶段蓬勃发展态势

从指数计算结果看，参与指数排名的 62 个国家均已开始不同程度地推动数字教育的发展，呈现出百花齐放的发展状态，这反映了数字教育已成为全球教育变革的核心动力。但从各国的指数分布情况看，全球数字教育仍存在发展不均衡的现象。

根据对各国数字教育发展证据资料的梳理，结合对国际数字教育各主要研究报告结论及指数计算结果的综合分析，我们发现全球数字教育发展可划分为转型起步、资源共享、数据驱动、AI 融合、生态重塑五个发展阶段。转型起步阶段的典型特征是正在规划或刚启动数字教育基础设施与环境、数字教育资源相关建设项目，尚未形成规模化的普及应用；资源共享阶段的典型特征是数字教育基础设施基本配备，数字教育资源平台建设情况相对较好，数字教育资源已形成规模，资源类型不断丰富，资源共享应用开始规模化普及；数据驱动阶段的典型特征是数字教育资源共享应用规模化水平相对较高，数据成为教育发展的关键要素，数据驱动下的教育变革开始显现；AI 融合阶段的典型特征是以生成式人工智能为代表的人工智能技术在教育教学中的规模化应用，形成人技融合的教育发展形态；生态重塑阶段的典型特征是实现基于数字技术的教育全流程再造与全社会知识资本的深度开发与集成应用，系统性

1

地建构起真正面向每个人成长的全新教育生态。

如图1所示，在62个国家中，13%的国家尚处于转型起步阶段，正在规划或刚启动数字教育基础设施与环境、数字教育资源等建设项目。68%的国家处于资源共享阶段，数字教育基础设施、数字教育资源建设情况相对较好，面向全民的数字教育资源体系已基本建成，正在大力推动数字教育资源的规模化普及应用。19%的国家已具备数据驱动阶段特征，正在将数据作为核心生产要素开展教学实践、教育治理、教育科研等多个方面的创新探索。其中，少数国家已制定"人工智能＋教育"的专项发展规划，正在积极推动AI在教育中的创新应用。而作为更高一级的生态重塑阶段，则仍是各国数字教育的远景目标，尚未有国家进入该发展阶段。

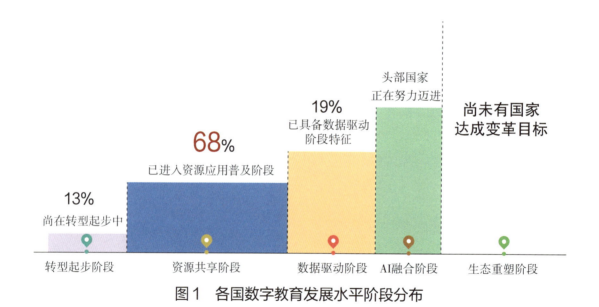

图1　各国数字教育发展水平阶段分布

（二）数字教育发展高水平国家存在聚集性特征

在指数排名前20位的国家中（见图2），从经济收入看，高收入国家有17个，占比为85%；中高收入国家仅有3个，分别是中国、马来西亚和巴西。从人口规模看，人口低于5000万的国家超过半数，达到

12个，占60%。从地区分布看，所包含的国家多位于西欧、东亚，北美洲和大洋洲的发达国家均已入列，南美洲则只有巴西排名靠前。

排名	国家名称	国家代码	指数得分（满分10分）
1	美国	USA	7.476
2	芬兰	FIN	7.355
3	韩国	KOR	6.953
4	新加坡	SGP	6.936
5	法国	FRA	6.627
6	德国	DEU	6.590
7	英国	GBR	6.374
8	澳大利亚	AUS	6.354
9	中国	CHN	6.306
10	爱沙尼亚	EST	6.303
11	瑞士	CHE	6.085
12	以色列	ISR	6.072
13	新西兰	NZL	5.781
14	丹麦	DNK	5.624
15	日本	JPN	5.572
16	加拿大	CAN	5.488
17	西班牙	ESP	5.442
18	马来西亚	MYS	5.294
19	沙特阿拉伯	SAU	5.275
20	巴西	BRA	5.265

图2 全球数字教育发展指数排名前20的国家

（三）内容、素养、治理是全球数字教育发展相对较好的领域

在全球数字教育发展指数六大维度中，62个国家在内容重构、素养提升、治理升级三大维度上的发展情况相对较好，平均得分超过5分；

内容重构、治理升级两个维度的发展差异最大，最高分和最低分的差异值均大于 8 分（见图 3）。

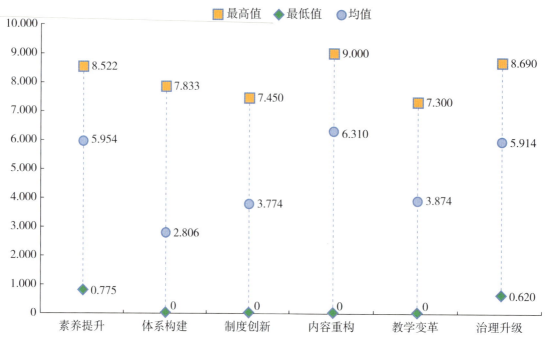

图 3　62 个国家在全球数字教育发展指数六大维度上的得分情况

（四）素养提升：面向全民开展分层分类的数字素养培育

素养提升维度主要评价学生、教师和公民的数字素养培养水平。在该维度上排名前 5 的国家分别是：新加坡、丹麦、爱沙尼亚、澳大利亚和巴西（见图 4）。

在学生层面，62 个国家中，80.7% 的国家在中小学课程体系中开设了数字素养专门课程（见图 5），澳大利亚、希腊等国家更是将数字素养专门课程延伸至学前教育。人工智能、计算思维和数字安全等已被很多国家作为重要学习内容纳入数字素养专门课程。同时，54.9% 的国家强调数字素养培养与学科教学的深度融合（见图 6）。

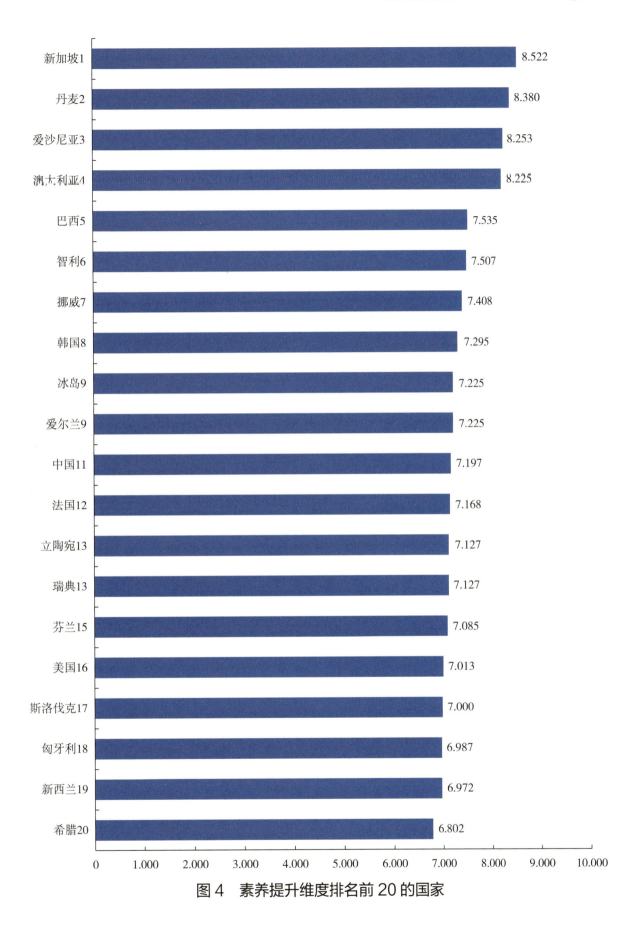

图 4 素养提升维度排名前 20 的国家

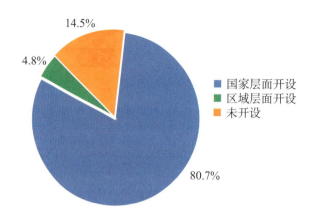

图5　62个国家开设数字素养专门课程的情况

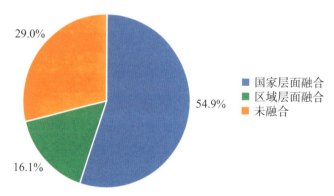

图6　62个国家数字素养培养与学科教学融合的情况

在教师层面，领先国家普遍构建起基于标准的教师数字素养培养体系。例如，新加坡制定了《教育工作者未来技能框架》（Skills Future for Educators，SFEd）[①]，将电子教学作为教师专业发展的六个优先实践领域之一，由教育部和国家教育学院为教师提供职前职后贯通式培训。

在公民层面，各国不仅普遍制定了全民数字素养发展战略规划，而且积极开展了多样化的公民数字素养培养项目。例如，西班牙在《数字

[①]　Infosheet on Skills Future for Educators (SFEd)[EB/OL].[2024-03-28].https://www.moe.gov.sg/news/press-releases/-/media/files/news/press/2020/infosheet-on-SFEd.pdf.

西班牙 2026》（España Digital 2026）① 中将"加强劳动力和全体公民数字技能"作为国家数字化发展十大战略重心之一，并提出实施"国家数字技能计划"，以促进全体公民数字技能的普遍提升。

（五）体系构建：构建以人为本、灵活弹性的终身学习体系

体系构建维度主要评价无边界的学习环境、灵活贯通的课程体系和个性化学制的建设情况。在该维度上排名前 5 的国家分别是：芬兰、美国、德国、新加坡、日本（见图 7）。

一方面，领先国家通过构建泛在互联、资源丰富的数字学习环境，为各级各类学习者提供灵活多样的学习途径。比如新加坡从国家层面打造支持学习定制的学生学习空间（Student Learning Space，SLS）②，通过为学生提供海量、优质的学习资源和人工智能技术支持的自适应学习系统，帮助学生更好地开展混合式学习和个性化学习。

另一方面，领先国家通过学分银行、数字徽章等制度创新，实现伴随个人全生命周期的学习轨迹追踪和学习成果认证。比如芬兰所有大学都签署了《弹性学习权利协议》（Flexible Study Rights Agreement，JOO）③，可实现不同大学课程的学分互认。此外，芬兰也参加了欧盟发起的"伊拉斯谟 +"计划（Erasmus+）④，实现了在线课程学分的国际互认。

---

① España Digital 2026[EB/OL].[2024-03-28].https://portal.mineco.gob.es/en-us/ministerio/estrategias/Pages/00_Espana_Digital.aspx.

② Overview of Student Learning Space[EB/OL].[2024-03-28].https://www.learning.moe.edu.sg/about/overview-of-student-learning-space/.

③ Flexible Study Right (Joo)[EB/OL].[2024-03-28]. https://studies.helsinki.fi/instructions/article/flexible-study-right-joo.

④ Erasmus+(2021-2027)[EB/OL].[2024-03-28]. https://www.eacea.ec.europa.eu/grants/2021-2027/erasmus_en.

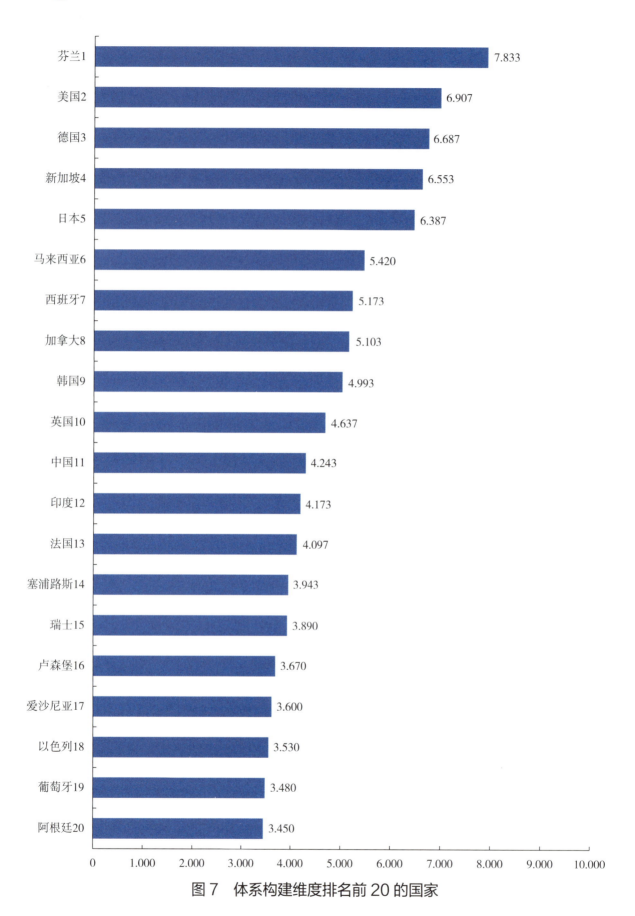

图 7　体系构建维度排名前 20 的国家

（六）制度创新：以顶层规划和标准引领夯实数字教育制度根基

制度创新维度主要评价数字教育法规、政策和标准体系的建设情况。在该维度上排名前 5 的国家分别是：法国（1）、美国（1）、韩国（3）、西班牙（4）、澳大利亚（5）、新西兰（5）、瑞士（5）、英国（5）、芬兰（5）（见图 8）。

在顶层规划层面，62 个国家中，53.2% 的国家发布了数字教育专项规划。比如法国于 2023 年发布《2023—2027 年教育数字化战略》（Stratégie du Numérique pour L'éducation 2023—2027[1]，Digital Strategy for Education 2023–2027[2]），提出基于公共政策的生态系统构建、数字公民培养等四个重点发展方向。美国于 2024 年发布第 7 个国家教育技术发展规划《缩小数字访问、设计和使用鸿沟的行动呼吁：2024 年国家教育技术规划》（A Call to Action for Closing the Digital Access, Design, and Use Divides: 2024 National Educational Technology Plan），从缩小数字使用鸿沟、数字设计鸿沟、数字访问鸿沟三个层面提出系统化的解决方案，以实现技术在支持更好地"随时随地"学习方面的潜力。领先国家普遍将数字教育新基建打造、公共教育资源服务体系构建、师生数字素养提升、数据驱动的教学变革和数字安全建设作为国家数字教育发展的重要内容。

---

[1] Stratégie du Numérique pour L'éducation 2023–2027[EB/OL].[2024-03-28].https://www.education.gouv.fr/strategie-du-numerique-pour-l-education-2023-2027-344263.

[2] France – Digital Strategy for Education 2023–2027[EB/OL].[2024-03-28]. https://digital-skills-jobs.europa.eu/en/actions/national-initiatives/national-strategies/france-digital-strategy-education-2023-2027.

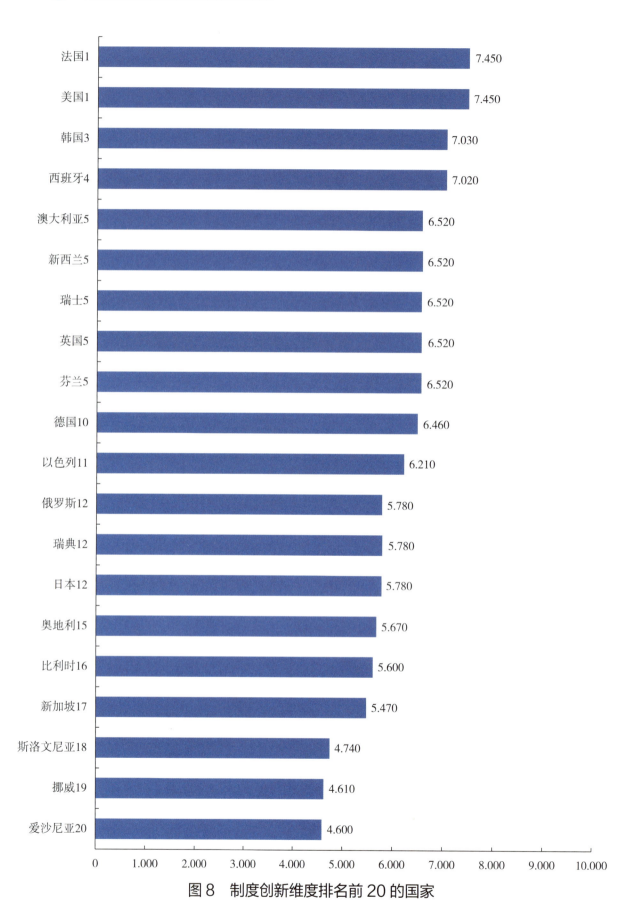

图 8　制度创新维度排名前 20 的国家

在标准建设层面，领先国家非常重视数字教育标准体系的构建，以推动数字教育在实践层面的标准化、规范化和可持续发展。例如，美国陆续制定了国际教育技术协会（ISTE）学生标准、ISTE教师标准、学习工具互操作性标准、教育互操作性标准、公共教育数据标准等，逐步构建起涵盖硬件、软件、潜件的较为完备的数字教育标准体系。美国提出，未来应进一步构建无障碍学习资源设计标准，以确保每个人都能获得公平的教育资源和学习体验。

（七）内容重构：打造更加智能化与个性化的公共数字教育资源服务体系

内容重构维度主要评价数字教育资源平台、内容的建设及其开放应用情况。在该维度上排名前5的国家分别是：加拿大（1）、丹麦（1）、芬兰（1）、美国（1）、法国（5）（见图9）。

一方面，世界各国都将数字教育资源建设作为数字教育高质量发展的重要内容基础。62个国家中，88.7%的国家已建成公共数字教育资源平台。领先国家致力于构建面向全民、服务全民的终身学习公共数字教育资源服务体系。例如，芬兰已建成开放教育资源图书馆aoe.fi，将学前教育到继续教育的各级各类教育资源面向所有人开放，"一键式"提供免费学习支持服务。[①]

另一方面，领先国家积极探索人工智能、学习分析等新技术在教育资源平台中的应用，以提高教育资源与学习者发展之间的适配性以及教育资源之间的关联性，为学习者提供更具交互性、智能化、个性化的学习支持服务。例如，新加坡将人工智能技术嵌入学生学习空间（SLS）。

---

① Usein Kysytyt Kysymykset [EB/OL].[2024-03-28].https://aoe.fi/#/lisatietoa.

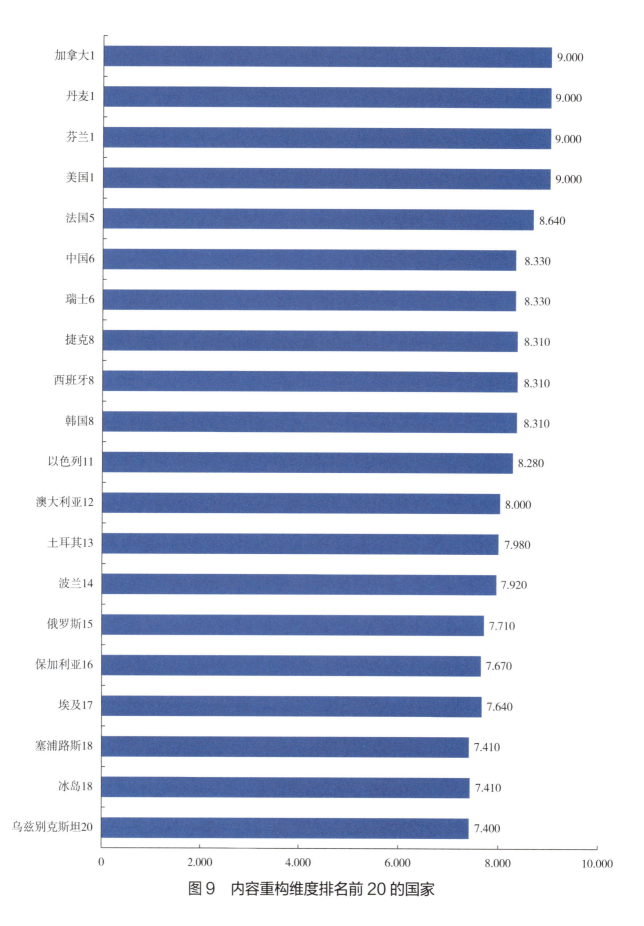

图 9　内容重构维度排名前 20 的国家

SLS 可以根据学生画像和学习需求，向学生精准推送学习资源并构建起个性化的学习路径，支持学生开展自适应学习。[①]

（八）教学变革：着力推动人技协同的大规模因材施教

教学这单维度主要评价教学方式、教育评价和教科研的数字化转型情况。在该维度上排名前 5 的国家分别是：英国（1）、法国（2）、马来西亚（3）、韩国（3）、爱沙尼亚（5）（见图 10）。

学习、教学、评价是教学的关键环节，也是技术重塑教学范式的三大典型应用场景。62 个国家中，61.3% 的国家已开展数字技术变革教学的实践探索。

在学习层面，技术支持下的自适应学习、游戏学习、基于项目的学习、协作学习等新型学习方式，让学生能够主动参与知识建构、自定步调开展个性化学习，更好地培养解决复杂问题的能力和创新能力。例如，俄罗斯启动了"数字学生助理"项目[②]，旨在利用数字技术帮助学生实现个性化学习。到 2030 年，俄罗斯计划所有中小学生能够使用电子记事本有效规划个性化学习计划，开展个性化学习。

在教学层面，跨学科教学、混合教学、MOOC（慕课）、翻转课堂、虚拟实训等正在成为新的课堂形态。例如，中国上海市各类学校积极探索元宇宙、数字孪生、AI 等新技术在课堂教学中的创新应用，通过创

---

① "Transforming Education through Technology" Masterplan 2030[EB/OL].[2024-03-28].https://www.moe.gov.sg/education-in-sg/educational-technology-journey/edtech-masterplan.

② Приказ Минобрнауки РФ от 23.08.2017 N 816[EB/OL].[2024-03-28].https://normativ.kontur.ru/document?moduleId=1&documentId=300600.

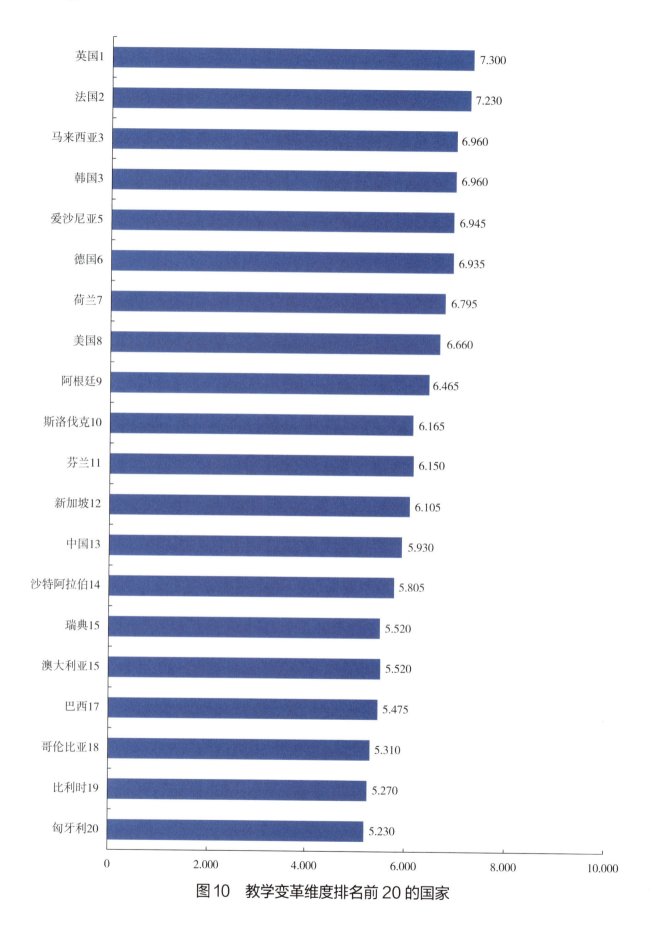

图10　教学变革维度排名前 20 的国家

设虚拟仿真教学空间和数字化学习空间[①]，大力推动教学方式变革和教学质量提升。

在评价层面，各国积极开展基于大数据的结果评价、过程评价、增值评价和综合评价，以期精准绘制学习者画像，通过评价促进学习者更好地发展。例如，法国利用 PIX 系统对学生、教师等不同对象的数字素养进行评价和认证，该认证受到国家和专业领域的认可，能帮助学生更好地开展实习、深造及就业。[②]

（九）治理升级：构筑数据驱动和安全可靠的教育治理体系

治理升级维度主要评价教育数据治理、教育过程治理和教育信息安全治理的情况。在该维度上排名前 5 的国家分别是：新西兰（1）、匈牙利（1）、美国（1）、爱沙尼亚（1）、瑞士（5）、中国（5）（见图 11）。

一方面，世界各国非常重视数据驱动的教育治理，将其作为数字教育发展的重要保障。各国积极推进学生、教师、学校等基础数据库的建设以及在此基础上对数据的分析与应用。62 个国家中，67.7% 的国家已建成学生基础数据库。例如，美国已建成覆盖全国的纵向教育数据系统（Statewide Longitudinal Data Systems，SLDS）。其中，美国已有 40 个州将早期学习、K—12 教育、高等教育和劳动力四个核心数据库中的至

---

① 上海市教委：探索数字化赋能教育向更高层次的优质均衡发展 [EB/OL].(2024–01–26)[2024–03–28].https://hudong.moe.gov.cn/fbh/live/2024/55785/mtbd/202401/t20240126_1112591.html.

② Stratégie du Numérique pour L'éducation 2023–2027[EB/OL].[2024–03–28].https://www.education.gouv.fr/strategie-du-numerique-pour-l-education-2023-2027-344263.

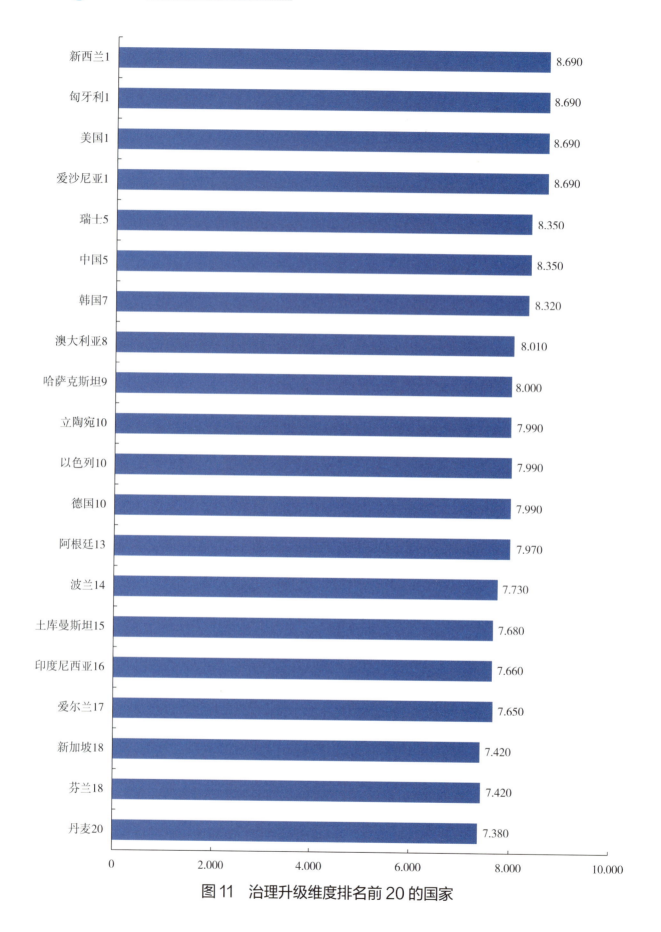

图 11　治理升级维度排名前 20 的国家

少两个数据库联通。[①]基于该系统，美国能够对 50 个州的教育情况进行定期监测，也能对校长、基于工作的学习、K—12 学校建设资金、高中毕业要求、中等职业与技术教育等多个维度进行横向比较，为教育决策的制定和优化提供了良好的依据。

另一方面，世界各国正在通过立法筑基、技术赋能、人员培养等多种途径构筑数字教育良性发展的安全底线，以积极应对网络安全、隐私泄露、网络欺凌等严峻挑战。以新西兰为例，在立法层面，新西兰颁布了《隐私法》《隐私行为准则》等法律法规，保护师生个人隐私；在政策层面，新西兰颁布了《促进学习的数字化和数据简报》《网络安全战略》等政策；在实施层面，新西兰实施了学校网络安全和数字支持计划，帮助学校创建更安全、更有弹性和更有效的在线教育环境。

---

① 50-State Comparison: Statewide Longitudinal Data Systems[EB/OL].[2024-03-28].https://www.ecs.org/state-longitudinal-data-systems/.

二 全球视野里的中国数字教育 >>

（一）中国在全球数字教育发展指数排名中位列第 9

在全球数字教育发展指数排名中，中国位列第 9，处于相对领先位置。

在 62 个数字教育先发国家中，共有高收入国家 40 个。中国的全球数字教育发展指数排名超过了 32 个高收入国家。在全球数字教育发展指数排名前 20 的国家中，除中国、马来西亚、巴西外均为高收入国家（见图 12）。

全球数字教育发展指数排名前 20 的国家中，人口超级大国及大国共 8 个。这 8 个国家按指数排名，排在前 5 位的分别是美国、韩国、法国、德国、英国。中国排名第 6 位，是排名前 20 的国家中唯一的人口超级大国（见图 13）。

中国数字教育总体上横跨资源共享、数据驱动及 AI 融合这三大发展阶段。具体来说，当前中国大部分地区的数字教育发展处于资源共享阶段。中国极为重视教育的公平发展，不断加大对教育相对薄弱地区的教育数字化支持力度，发挥技术优势，尽力缩小"数字鸿沟"，筑牢了中国数字教育的底线。国家智慧教育公共服务平台在全国范围内发挥了"保基本、兜底线"的作用，中国数字教育资源建设与共享获得长足发展。智慧教育示范区、"互联网＋教育"示范区等部分试点区域，以及

排名	国家名称	国家代码	指数得分（满分10分）	
1	美国	USA		7.476
2	芬兰	FIN		7.355
3	韩国	KOR		6.953
4	新加坡	SGP		6.936
5	法国	FRA		6.627
6	德国	DEU		6.590
7	英国	GBR		6.374
8	澳大利亚	AUS		6.354
9	中国	CHN		6.306
10	爱沙尼亚	EST		6.303
11	瑞士	CHE		6.085
12	以色列	ISR		6.072
13	新西兰	NZL		5.781
14	丹麦	DNK		5.624
15	日本	JPN		5.572
16	加拿大	CAN		5.488
17	西班牙	ESP		5.442
18	马来西亚	MYS		5.294
19	沙特阿拉伯	SAU		5.275
20	巴西	BRA		5.265

■ 高收入国家

■ 中高收入国家

注：依据世界银行的划分标准对国家收入进行分组。

图12　全球数字教育发展指数排名前20的国家的收入水平

排名	国家名称	国家代码	指数得分（满分10分）	
1	美国	USA		7.476
2	芬兰	FIN		7.355
3	韩国	KOR		6.953
4	新加坡	SGP		6.936
5	法国	FRA		6.627
6	德国	DEU		6.590
7	英国	GBR		6.374
8	澳大利亚	AUS		6.354
9	中国	CHN		6.306
10	爱沙尼亚	EST		6.303
11	瑞士	CHE		6.085
12	以色列	ISR		6.072
13	新西兰	NZL		5.781
14	丹麦	DNK		5.624
15	日本	JPN		5.572
16	加拿大	CAN		5.488
17	西班牙	ESP		5.442
18	马来西亚	MYS		5.294
19	沙特阿拉伯	SAU		5.275
20	巴西	BRA		5.265

图例：■ 超级大国　■ 大国　■ 中等国家　■ 小国

注：依据国际惯例划分国家人口规模组别，分为超级大国（人口 >10 亿）、大国（人口 5000 万—10 亿）、中等国家（人口 2000 万—5000 万）、小国（人口 <2000 万）。

图 13　全球数字教育发展指数排名前 20 的国家的人口规模

北京、上海、广州、深圳等中国教育发展的头部地区，借助数字科技的雄厚实力，已经启动了数据驱动下的大规模因材施教和教育治理，开始了 AI 融合之路的探索，先行呈现出数据驱动和 AI 融合发展阶段的基本特征，并带动中国数字教育不断创新突破。

（二）国家教育数字化战略行动实施以来，中国数字教育发展进入快车道

中国的教育体系规模巨大。教育发展存在地区、城乡、校际、个体等多个层面的差异，数字教育发展的难度远高于其他国家。2022 年以来，中国全面实施国家教育数字化战略行动，采取了系列措施并取得了显著成效，使得中国的全球数字教育发展指数得分从 2021 年底的 5.105 提高至 6.306，全球数字教育发展指数排名从第 24 位提升至第 9 位，获得跨越式发展。其中，中国在素养提升、体系构建和内容重构三个维度上的提升尤为明显（见图 14），数字资源建设应用（内容重构）指数上升 70%，数字素养培养指数上升 46%，数字教育体系构建指数上升 24%。

（三）中国发展成效一：教育数字化治理体系建设稳步推进

中国数字教育在治理升级维度表现突出，位列全球第 5。中国扎实推进教育治理基础数据建设，在"十三五"期间建设完成学校、教师、学生三大教育基础数据库，实现全国所有学校"一校一码"、师生"一人一号"；全面推进基于数据的教育治理体系建设，推进政务服务"一网通办"，建成"互联网＋留学服务"政务服务平台、24365 大学生就业服务平台等多个教育公共服务平台；国家智慧教育公共服务平台开通

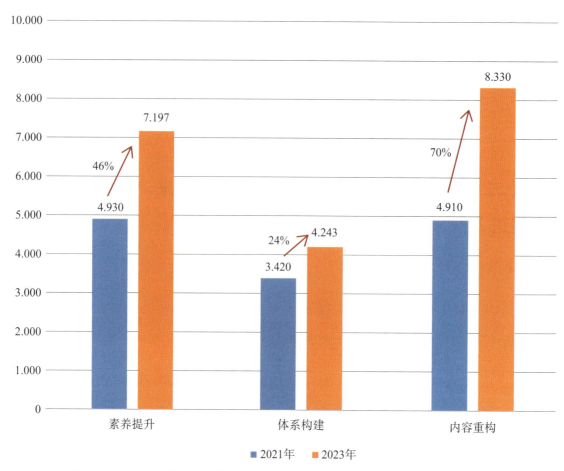

图 14　中国实施教育数字化战略行动前后部分维度的显著变化

服务大厅，设置就业服务、考试服务、学位学历、留学服务、语言服务、校外服务这六个栏目，涵盖 39 项政务服务，2022 年全年累计办结 2101 万件；2023 年 7 月发布的《教育部、国家发展改革委、财政部关于实施新时代基础教育扩优提质行动计划的意见》提出，将完善国家基础教育管理服务平台，以数字化赋能提升教育治理水平；出台《中华人民共和国个人信息保护法》等多项有关网络信息安全、数据安全的国家法律规范，发布《未成年人网络保护条例》（2024 年 1 月 1 日起施行）、《教育部等八部门关于引导规范教育移动互联网应用有序健康发展的意见》等教育领域网络数据安全相关政策文件。

（四）中国发展成效二：公共数字教育资源体系全面建立

中国数字教育在内容重构维度表现优异，位列全球第 6。中国将国家智慧教育公共服务平台着力打造为中国教育公共服务的综合集成平台；国家中小学智慧教育平台、国家职业教育智慧教育平台和国家高等教育智慧教育平台提供大量与课程匹配的学习资源，包括 4.4 万项涵盖各年级和学科的基础教育内容、1.9 万项职业教育内容，以及 2.7 万项高等教育线上课程，成为世界最大的教育资源中心。国家智慧教育公共服务平台连接 52.9 万所学校，面向 1844 万名教师、2.91 亿在校生及广大社会学习者，用户覆盖六大洲 200 多个国家和地区。截至 2023 年底，平台累计浏览量已经达到 364.8 亿次，访客量超过 25.07 亿人次。

（五）中国发展成效三：师生数字素养培养体系不断完善

中国数字教育在素养提升维度基础扎实，位列全球第 11。在学生数字素养培养方面，中国制定了小学、初中、高中、职业教育等不同学段和教育类型的信息技术课程标准，将《信息科技》《信息技术》课程列为义务教育、普通高中、中等职业教育、高等职业教育的必修课程，明确了课程的具体内容与课时占比，将人工智能、计算思维纳入课程内容；将学生信息素养评价纳入综合素质评价；教育部等五部门于 2021 年发布的《关于大力加强中小学线上教育教学资源建设与应用的意见》提出"将信息素养培育有机融入各门学科教育教学"。在教师数字素养培养方面，中国先后实施两期中小学教师信息技术应用能力提升工程；教育部研究制定并印发《中小学教师信息技术应用能力培训课程标准（试行）》，教师信息技术应用能力培训课程建设与实施越来越科学规范；

2022 年教育部发布了《教师数字素养》教育行业标准，在全国范围内施行；2022 年超过 86% 的教师的数字素养达到合格及以上水平。

（六）中国发展成效四：数字教育环境条件基本夯实

中国数字教育在体系构建维度成效明显，尤其在数字教育基础设施建设和在线课程建设方面，在世界范围内具有明显优势，位列全球第 11。在数字教育基础设施方面，2021 年中国中小学互联网接入率达到 100%，义务教育学校多媒体教室比例超过 70%，全国小学、初中每百名学生拥有数字终端数分别为 14.9 台、21.0 台。[①] 在数字教育线上课程建设方面，中国慕课已上线超过 7.6 万门，慕课建设和应用规模成为世界第一。[②]

（七）中国数字教育未来重点发展方向

虽然中国数字教育在全球范围内的整体发展优势较为明显，但与数字教育领先的国家相比，中国数字教育在一些具体的方面还存在短板，比如全民数字素养培养体系较为薄弱、线上线下课程学分的互认有限、个性化弹性学制尚未大规模普及和应用、数字教育制度保障有待进一步完善、数据驱动的数字化教学变革仍需深入推进等。未来，中国数字教育将在"联结（connection）为先、内容（content）为本、合作（cooperation）为要"的"3C"思路基础上，按照以决策指挥为中心的政府治理（governance）、面向广大师生的应用（application）和集成化

---

① 教育部：全国中小学互联网接入率 100% 师生数字素养技能大幅提升 [EB/OL].（2023-02-09）[2024-02-19].http://www.moe.gov.cn/jyb_xwfb/xw_zt/moe_357/2023/2023_zt01/mtbd/202302/t20230213_1044229.html.

② 教育部：中国慕课建设和应用规模成为世界第一 [EB/OL].(2024-01-26)[2024-02-19].http://www.moe.gov.cn/fbh/live/2024/55785/mtbd/202401/t20240126_1112617.html.

（integrated）、智能化（intelligent）、国际化（international）的"GAI3"发展理念，重点在以下方面深化发展。

建立全民数字素养的培养测评体系。一是进一步延展学生数字素养培养测评体系。制定面向不同学段学生的数字素养标准框架，尽快部署落实幼儿早期数字素养培养，在公民教育体系内将相关内容全面融入各个学科，开展对学生数字素养水平的定期测评和长期跟踪。二是不断规范教师的数字素养培养测评体系。加大对教师数字素养以及基于数字技术的多学科教学方法培训，开展教师数字素养测评或技能认证，将教师数字素养作为教师能力的必备组成部分。三是全面加强全民数字素养培养测评体系。制定全民数字素养标准框架，针对数字素养水平较低的特殊群体研究制定帮扶提升计划和行动，研发数字素养自我评估工具或平台，开展全民数字素养周期性抽样调查或测评。

加强灵活弹性的个性化学制建设。一是将线上课程纳入学校教育教学体系。加强线上课程的系统性和专业性建设，探索对线上课程学分的认可与认定，将线上课程有机纳入线下学校教育教学体系，实现线上线下课程的融合贯通使用。二是逐步推进面向学生的个性化弹性学制。在选课制、走班制等弹性学制探索实践的基础上，逐步在有条件的地区扩大弹性学制试行规模，不断推进面向每个学生的弹性学制。

完善数字教育法规、规划与制度建设。一是对数字教育发展进行顶层设计和部署规划。制定并发布数字教育转型规划，对中国国家层面、地区层面以及学校层面的数字教育发展目标、思路、路径进行体系性设计。二是完善数字教育法律保障。在教育相关法律中增加保障数字教育开展实施的条款，探索论证制定数字教育专项法律的可行性和必要性。三是进一步细化完善数字教育标准体系建设，为数字教育平台、资源、数据的建设与应用提供标准规范，支撑数字教育的长效发展。

构建高体验、生成性、智能化的数字教育资源新样态。一是在资源的类型层面，依托数字技术开发建设超现实、交互式、沉浸式数字教育资源，为学生更准确地感知事物的原理和本来样态提供可能。二是在资源的应用层面，建立奖励机制，调动教师积极性，发挥教师的教学智慧，促进教师参与用户生成内容（User Generated Content，UGC）资源生成机制。三是在资源构建的内在逻辑层面，构建基于知识图谱的公共数字教育资源体系。基于系统化的知识点逻辑关系网络建立知识图谱，并以知识图谱的方式对数字教育资源进行逻辑建构，为师生的数字化学习提供精准的资源推送和高效的教育服务。

持续推进数据驱动的大规模因材施教。一是建立广泛的教与学数据采集机制，基于对教与学数据的采集、分析与处理，建立师生画像，并开展基于教育大数据的教与学变革。二是建设支持全民终身学习的数字化平台，为全民数字化学习提供更丰富的资源、更便捷的渠道。三是将数字技术应用于教育评价，开展基于过程的、伴随性的数据采集，对学生实施精准评价、增值评价和过程评价。四是利用数字技术服务教科研，建设支持教师在线研修、跨时空教研、科研协同的数字化教研平台，探索人工智能技术在教师教研中的应用。

全面推进基于大数据的教育治理升级。一是推进教育大数据中心建设，促进基于数据的教育管理、教育公共服务和教育决策。建设教育公共数据的查询、浏览、展示平台，加大教育公共数据的开放力度，向社会公众开放共享。二是推进教育管理与服务业务流程再造。提高教育公共服务"一网通办"水平，集成建设教育公共服务平台，变革服务流程，推动管理服务全程网上受理、网上办理和网上反馈，创新管理服务模式，提升服务体验。三是提高教育信息安全水平。加强教育领域网络安全、伦理规范、数据安全、隐私保护等方面的法律法规建设。

附件 1 全球数字教育发展指数的评价理论与方法

（一）指数研制目的

1. 促成数字教育发展的全球共识

大力发展数字教育已成为全球教育发展的热点议题，但无论是从技术应用还是从教育变革的视角看，全球尚未在数字教育的内涵、外延上形成清晰的目标框架。各国数字教育的发展背景、基本认识、应用路径存在现实差异。全球数字教育发展指数的研制旨在通过构建指数模型，对数字教育由内涵到远景进行再梳理，力求廓清全球数字教育的发展共识。

2. 推动数字教育发展评价的全球协作

数字教育评价日益成为国际教育评价的重要内容。UNESCO、世界银行、OECD、欧盟、国际教育评价协会等国际组织以及一些发达国家均开展了数字教育发展的相关评价。但上述评价活动主要针对数字教育中的某个领域或某个学段展开，尚未形成全面、统一的国际数字教育评价体系。因此，开展全球数字教育发展综合性指数研制有助于让更多国家参与数字教育评价研究，从而建立起更广泛的数字教育国际协作机制。

3. 达成数字教育发展成果的全球互鉴

全球数字教育发展指数研制不仅可以对各国数字教育发展水平进行测评，而且能实现对全球不同国家、地区的数字教育发展理念、政策、路径、成效的全面扫描。参与测评的国家或地区不仅可以通过指数评价

了解自身优势，为全球数字教育发展提供典型案例，还能借鉴他国先进经验，取长补短，提升数字教育发展水平。

（二）指数研制的主要原则

1. 确保指数生成方法的科学性

全球数字教育发展指数是一项数字教育的综合性评估，需要在理论内涵与技术方法上保证严谨、客观、公正，才能对数字教育发展水平做出可靠、可信的监测评价。必须充分吸收国内外多方理论研究成果、验证比对多种技术方案、征集众多国内外专家意见，并据此不断修正指数研制路线，尽可能保证指数研制全流程的严谨性。

2. 拓展指数数据采集的可得性

在现有国际监测评价体系尚不成熟的背景下，可用数据的获取成为全球数字教育发展指数面临的一个巨大挑战。为了得到更多指数测算所需数据，保证评价的全面性与准确性，需要对国际公开的各类数字教育信息进行全面搜集与结构化处理，主动拓展数据采集来源，为指数研制提供丰富的数据基础。

3. 反映数字教育发展的共识性

凝聚全球数字教育的发展共识，推动数字教育的国际共同发展，是此次指数研制的重要目的。为确保指数研制真正聚焦全球数字教育发展的共性议题，本着存异求同的原则，要在尽可能体现各国教育差异的情况下，不断从各类国际评价理论与实践研究成果中提取数字教育发展的"最大公约数"，并将其转化为评价的指标。

4. 实现数字教育水平的国际可比性

由于各国在数字教育上处于不同发展阶段，各自的评价角度与口径大相径庭。因此，全球数字教育发展指数的研制在数据采集与指标设计完成后，必须制定具有很强包容性的指数评价标准，进而实现各类数据与指标含义的统一性表达，最终达成数字教育水平的有效国际比较。

（三）指标体系的构建

1. 构建模式

全球数字教育发展指数采用核心指标模式作为指标体系构建的理论模式。核心指标模式注重聚焦核心问题，以主要指标为主、若干指标为辅来构建指标体系。该模式会形成核心指标与次要指标间的分层次结构框架，可以更好地凸显数字教育发展的核心议题，引导数字教育在关键领域实现突破，进而达成推动全球数字教育创新发展的目的。

2. 指标设计

根据指标体系构建模式，我们参考借鉴国内外数字教育的理论研究成果，通过对全球数字教育发展证据库进行提炼分析，以数字时代的人的发展为核心目标，构建了"目标达成——体系支撑——机制创新"3个层级组成的"六新"全球数字教育发展评价指标体系（见图15），包

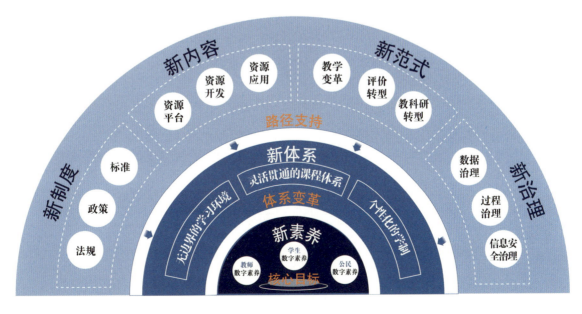

图15 全球数字教育发展评价指标体系层次结构

括素养提升（新素养）、体系构建（新体系）、制度创新（新制度）、内容重构（新内容）、教学变革（新范式）、治理升级（新治理）6个一级维度。

指标体系一级维度下包含18个二级指标、25个三级指标（见表1）。

表1　全球数字教育发展评价指标体系

一级维度	二级指标		三级指标	
素养提升（新素养）	1.1	学生数字素养的培养	1.1.1	学生数字素养的认知培养水平
			1.1.2	学生数字素养的学科融合培养水平
			1.1.3	学生数字素养发展水平
	1.2	教师数字素养的培养	1.2.1	教师数字素养发展水平
	1.3	公民数字素养的培养	1.3.1	公民数字素养发展水平
			1.3.2	数字化人才培养水平
体系构建（新体系）	2.1	无边界学习环境的构建	2.1.1	学校网络接入水平
			2.1.2	学生数字终端配备水平
			2.1.3	学校数字生态体系建设水平
	2.2	灵活贯通课程体系的构建	2.2.1	一体化的课程体系建设水平
			2.2.2	贯通式的课程学分互认体系建设水平
	2.3	个性化学制的构建	2.3.1	面向学习者的弹性学制构建水平
制度创新（新制度）	3.1	数字教育的法规建立	3.1.1	数字教育法规建设水平
	3.2	数字教育的政策制定	3.2.1	数字教育规划研制水平
	3.3	数字教育的标准体系构建	3.3.1	数字教育标准体系建设水平

一级维度	二级指标		三级指标	
内容重构 （新内容）	4.1	数字教育资源平台的建设	4.1.1	数字教育资源平台建设水平
	4.2	数字教育资源内容的开发	4.2.1	数字教育资源内容开发水平
	4.3	数字教育资源开放的应用	4.3.1	数字教育资源开放应用水平
教学变革 （新范式）	5.1	教学方式的数字化变革	5.1.1	数据驱动的个性化教学水平
			5.1.2	全民数字化终身学习水平
	5.2	教育教学评价的数字化转型	5.2.1	全过程、全要素的教育教学评价水平
	5.3	教科研的数字化转型	5.3.1	教科研数字化转型水平
治理升级 （新治理）	6.1	教育数据治理	6.1.1	教育数据的建设水平
	6.2	教育过程治理	6.2.1	教育治理流程的优化与重塑水平
	6.3	教育信息安全治理	6.3.1	教育数字化安全治理水平

（四）数据采集

为破解数据采集困难的问题，在搜索 200 多个使用超过 50 种语言的国家和地区数字教育发展的数据资料并进行情况研判后，我们筛选出了 62 个国家作为指数评价的目标国家。这些国家覆盖六大洲，涵盖全球近 70% 的人口，包括高、中、低收入国家。在对目标国家证据资料进行结构化处理后，我们筛选清理出 100 余万字的有效证据资料，建立起全球数字教育发展动态证据库与数据库。

（五）观测点赋值

我们通过分项、分等级的赋分方式，基于"愿景、行动、实效、创新"的证据资料搜集维度，设定了0—10分的评分标准。根据评分标准，以目标国家和一级指标维度为对象进行了三轮交叉评分，并经过对比验证后完成全部三级指标的最终赋值。如果某些国家个别指标的相关和有效证据缺失，在进行第二轮的证据收集、补充和验证后仍然缺失，则采用"补零法"进行赋值。

（六）指数生成

1. 权重设定

参考国际相关研究报告后，我们分别尝试采用专家打分法、层次分析法、熵权法和等权法等多种主客观权重设定方法进行各级指标权重的确定。综合考虑各级指标的证据属性及其数量分布情况，最终结合专家打分法与等权法设定指标权重。在一级维度和二级指标上，采取专家打分法计算各级指标权重，在三级指标上则采取等权法计算各指标权重。

2. 指数结果计算

基于各评价指标的结果和权重，2024全球数字教育发展指数的计算公式为：

$$GDEI = \sum_{i=1}^{n} \omega_i \cdot X_i'$$

其中，X_i'表示第i个评价指标的数值，ω_i表示第i个评价指标逐级计算后所得权重，n为评价指标的个数。最终形成的指数得分位于[0，10]区间内。

美国

The United States
of America

2024 全球数字教育发展指数

排名

1

人均 GDP（2022，$）	62,789.13[①]
人口（2022，人）	333,287,557
国家财政性教育经费占 GDP 比例（2020，%）	6.05
学前毛入园率（2020，%）	72.40
小学毛入学率（2021，%）	98.31
中学毛入学率（2021，%）	101.19
高等教育毛入学率（2021，%）	84.86

体系构建 6.907
素养提升 7.013
治理升级 8.690
教学变革 6.660
内容重构 9.000
制度创新 7.450

美国数字教育分维度发展水平

---

① 各国本部分数据来自世界银行人均国内生产总值（2015 年不变美元）。

| 素养提升 | 得分：7.013 | 排名：16 |

1. 制定了国家 K—12 计算机科学框架。

2. 2018 年国际计算机和信息素养研究（ICILS 2018）调查显示，学生计算机和信息素养排名第 5。

3. 制定了国家教师教育技术标准。

4. 2018 年教与学国际调查（TALIS 2018）显示，超过 60% 的教师"经常 / 总是"让学生在项目或课堂上使用信息和通信技术（ICT）。

5. 制定了人工智能计划，提出促进公民 AI 素养培养。

6. 联合国教科文组织统计研究所（UIS）2021 年数据显示，高等教育信息和通信技术（ICT）（专业类）毕业生占比为 5.0%。

| 体系构建 | 得分：6.907 | 排名：2 |

1. 2018 年已实现中小学校互联网接入全覆盖；2019—2020 学年，公立中小学校生均数字终端数量达到 1.1 台。

2. 连续发布指导性文件，呼吁各州各地创建学校数字化的教育环境；39 个州提供了个性化学习的机会，38 个州批准了永久性虚拟学校，40 个州拥有虚拟或混合学习学校。

3. 美国教育委员会（ACE）通过在线课程学分转换推进高等教育全球化，识别了 107.6 万个唯一凭证，其中约有 43 万个数字徽章。

| 制度创新 | 得分：7.450 | 排名：1 |

1. 1996—2017 年，连续发布国家教育技术计划，2024 年发布最新计划。

2. 制定了《STEM①教育法2015》，从立法层面规定计算机科学作为中小学专门学科。

---

① STEM 是科学（Science）、技术（Technology）、工程（Engineering）和数学（Mathematics）的英文缩写。

3. 制定了《数字公平法》，进一步促进数字公平。

4. 制定了《公共教育数据标准》，推进数字化标准建设。

内容重构	得分：9.000	排名：1

1. 建有多个国家层面的学习平台，以 K—12 和 STEM 资源为主。

2. 设计了在线信息交换所，提出将在线学习空间建成健康、富有成效和公平的社区。

3. 提出 #GoOpen 倡议，促进开放教育资源（OER）的广泛使用。

教学变革	得分：6.660	排名：8

1. 在国家层面制定了教育技术政策，确立如何利用技术改变教学的愿景。

2. 积极开展教育改革实践探索，例如人工智能学习和评估系统被用于数学、化学、统计和会计等学科，覆盖学生超过 2500 万人。

3. 国家教育进步评价（NAEP）已过渡到基于数字的评价，涵盖阅读、数学、科学、公民学、地理和美国历史等学科。

4. 在政策层面强调公民的数字化终身学习。

5. 基于《州共同核心标准》开发智慧平衡测评系统，多州参与共建并使用。

治理升级	得分：8.690	排名：1

1. 《每一个学生成功法案》要求各州使用数据评估学校绩效，监测学生表现，以及支持学校改进。

2. 各州教育委员会发起纵向追踪教育数据计划，旨在支持州和地方教育机构与教育部之间的数据传输。

3. 已建成覆盖 50 个州的纵向教育数据系统，学生、家长、教师、研究者等可根据需要获得数据支持。

4. 全国及地方层面形成了数据安全的法规体系并设立了专门机构。

芬兰
Finland

2024 全球数字教育发展指数
排名

2

人均 GDP（2022，$）	46,929.14
人口（2022，人）	5,556,880
国家财政性教育经费占 GDP 比例（2020，%）	5.88
学前毛入园率（2020，%）	88.36
小学毛入学率（2021，%）	99.35
中学毛入学率（2021，%）	143.36
高等教育毛入学率（2021，%）	100.87

芬兰数字教育分维度发展水平

素养提升	得分：7.085	排名：15

1. 将 ICT 能力作为国家核心课程的七项横向能力之一，全面贯穿中小学课程。

2. 制定了 ICT、媒体素养和编程技能的能力框架，并针对义务教育的每一年级制定了详细的能力说明。

3. 开发了学生和教师 ICT 技能测评工具，广泛参与国际师生数字素养测评。

4. 启动了数学与科学教育发展项目（LUMA）2020 年计划，

旨在提升所有年龄段的 STEM 教育和学习质量。

5. ICILS 2018 调查显示，芬兰学生计算机和信息素养、学生计算思维均排名第 3。

6. 2022 年数字经济与社会指数（DESI 2022）报告显示，79% 的人掌握基本数字技能，48% 的人水平超过基本数字技能。

7. UIS 2021 年数据显示，高等教育 ICT 毕业生占比为 7.6%。

体系构建	得分：7.833	排名：1

1. 全国中小学互联网接入率达 100%。

2. 中小学数字终端配备方式多样，部分学校提供设备借用服务，部分学校学生共用设备，也支持自带设备，并联合私营部门发起"全民设备运动"。

3. 在芬兰的小学中，每 2.5 名学生拥有一台计算机，高中所有学生都拥有自己的计算机。

4. 所有大学都签署了《灵活学习权协议》，在国家层面实现了高等教育学分互认。

5. 实行"基于现象的教学"，从按学科转向按主题组织学习，高中采用"无年级和班级授课制"，实行弹性学制。

制度创新	得分：6.520	排名：5

1. 在教育规划中涉及学习环境数字化、数字学习解决方案国家战略及行动计划。

2. 制定了数字教育专项规划《2027 年数字化教育与培训政策》，提出使芬兰成为可持续数字教育的世界领跑者。

3. 制定了高质量数字学习解决方案标准，促进数字服务（应用程序）的选择及使用。

内容重构	得分：9.000	排名：1

1. 建成开放教育资源库，将各级教育的开放教育资源汇集到同一平台，资源覆盖从幼儿早期

教育到职业教育、高等教育及成人教育、自我能力发展等各级各类教育与培训领域，为教育机构内外用户提供服务。

2. 利用 Finna.fi 搜索服务实现对数百万文化和科学资料的汇集，包括档案馆、图书馆、博物馆、高校等数百家机构，体现了开放教育理念。

教学变革	得分：6.150	排名：11

1. 积极利用数字化解决方案实现个性化教学，70% 的学校采用了数字化解决方案为学生提供个性化学习体验、自适应练习和互动内容。

2. 将非正规成人教育纳入国家资格和证书数据库，以更好地推动全民终身学习。

3. 2019 年，全面实现大学入学考试的数字化。

治理升级	得分：7.420	排名：18

1. 完成学生信息库建设，覆盖每个学生从幼儿园到高等教育，甚至非正规成人教育的学习轨迹。

2. My Studyinfo 网站提供全过程的学业信息查询、个人能力发展计划制定、义务教育监测追踪等服务。

3. 充分利用数字技术提供各项教育公共服务。

4. 正在开发教育部门的知识库，以支持基于知识的管理和决策。

韩国
Korea

人均 GDP（2022，$）	33,719.39
人口（2022，人）	51,628,117
国家财政性教育经费占 GDP 比例（2020，%）	一
学前毛入园率（2020，%）	91.78
小学毛入学率（2021，%）	98.68
中学毛入学率（2021，%）	98.10
高等教育毛入学率（2021，%）	100.32

体系构建 4.993
素养提升 7.295
治理升级 8.320
制度创新 7.030
内容重构 8.310
教学变革 6.960

韩国数字教育分维度发展水平

素养提升	得分：7.295	排名：8

1. 制定了《数字人才培养综合计划》，提出增加数字和信息课程以及强制设置编码课程。

2. 制定了《2022 修订教育课程》，强调学生自主选择和融合学科教育。

3. 设立了综合教育研修院，以培养教育信息化领域的专业教师。

4. 对中小学生的数字素养水平开展定期测评，测评结果显示，学生数字素养逐年提高。

5. ICILS 2018 调查显示，韩国学生计算机和信息素养、学生计算思维排名分别为第 3 和第 1。

6. TALIS 2018 显示，对信息化教学准备充分的教师占比为 48%。

7. UIS 2021 年数据显示，高等教育 ICT 毕业生占比为 4.88%。

体系构建	得分：4.993	排名：9

1. 制定了《第一次教育设施基本计划（2022—2026 年）》。

2. 实施学校信息化环境建设项目，在 38 万个"全学习"空间构建千兆互联网。2022 年，在数字设备拥有量方面，生均和师均分别为 0.34 台和 1.97 台。

3. 提供大规模开放在线课程（K-MOOC）。截至 2022 年 6 月，K-MOOC 用户数量达 2717.9 万。

4. 制定了《2023 年度教育信息化实行计划》，提出通过 ICT 实现定制化教育服务。

制度创新	得分：7.030	排名：3

1.《教育基本法》《初中等教育法》《高等教育法》《终身教育法》等教育法规都涉及数字教育的内容。

2. 制定了《第六次教育信息化规划（2019—2023 年）》，提出要进行涵盖小学、初中和高等教育的教育信息化改革。

3. 制定了《数字人才培养综合规划》，提出到 2026 年培养 100 万名数字人才。

4. 制定了《推进全民人工智能和软件教育计划》，提出建立在线人工智能教育平台，扩大人工智能教育机会。

5. 正在制定《教育信息化推进法》，以建立监控和绩效体系，保障教育信息化的有效实施。

6. 致力于构建及普及教育技术标准体系。

| 内容重构 | 得分：8.310 | 排名：8 |

1. 制定了 K-edu 综合平台信息化战略计划，K-edu 综合平台与国家教育信息系统（NEIS）、教育财政系统（K-edufine）共同发挥着国家三大教育信息系统的作用。

2. 推出开放的 K-OER 远程学习生态系统，支持高等教育的在线课程。

3. 韩国高等教育学习资料共享服务（KOCW）汇集了国内外 230 所大学及机构提供的 2.3 万多个视频及 40 多万篇讲座资料。

4. 数字教科书包含虚拟现实和增强现实内容，覆盖小学 3—6 年级和中等教育。

| 教学变革 | 得分：6.960 | 排名：3 |

1. 推行"基于人工智能的 1∶1 学习辅导服务"，支持学习者开展有效的自主学习。

2. 建成在线评估系统，监测在线教学质量，拟定在线学习评估标准，以减轻教师工作量。

3. 建成国家终身学习门户网站，为全国公民提供定制化的学习履历管理服务。

4. 建成基于 ICT 的教师发展支持平台（ITDA），以支持教师安全方便地制作和使用课堂材料。

5. 学生评价网站上登记的学校及相关机构共有 13,102 所。截至 2022 年 6 月，共有 87,733 名教师加入。

| 治理升级 | 得分：8.320 | 排名：7 |

1. 在教育部官网公开发布学前教育、中小学、高等教育、终身教育、特殊教育等 9 个领域的教育统计数据。

2. 已建立存储了所有教师和学生数据的国家教育信息系统。

3. 制定了《教育领域人工智能伦理原则》，构建以 AI 技术为

基础的教育网络安全中心。

4. 建成教育设施综合信息网，统一管理韩国2.2万多个公立和私立教育机构的设施。

5. 开发了互联网伦理和预防网络暴力的教育内容。

新加坡
Singapore

2024 全球数字教育发展指数排名

4

人均 GDP（2022，$）	67,359.79
人口（2022，人）	5,637,022
国家财政性教育经费占 GDP 比例（2020，%）	2.51
学前毛入园率（2020，%）	96.07
小学毛入学率（2021，%）	99.87
中学毛入学率（2021，%）	103.04
高等教育毛入学率（2021，%）	97.10

新加坡数字教育分维度发展水平

体系构建 6.553
素养提升 8.522
治理升级 7.420
制度创新 5.470
内容重构 6.380
教学变革 6.105

素养提升	得分：8.522	排名：1

1. 制定了国家数字素养计划，明确小学、中学、高等教育等不同学段数字素养培养的具体内容与课程安排。

2. 明确要求将学生数字素养融入其他学科课程。

3. 更新了学生数字素养框架和教师数字素养框架，发布了面向全民的数字媒体和信息素养框架。

4. 制定了"教育工作者未来技能框架"，要求教师利用数字

43

技术使学习更加活跃和个性化。TALIS 2018 显示，60.5% 的教师对信息化教学准备充分。

5. UIS 2021 年数据显示，高等教育 ICT 毕业生占比为 10.0%。

| 体系构建 | 得分：6.553 | 排名：4 |

1. 投入资金为所有符合条件的学生提供个人学习设备，将于 2028 年普及所有中学生。

2. 实施全学科分级 FullSBB 试点，为学生提供更灵活的定制中等教育。2023 年，三分之二以上的中学实施 FullSBB。

3. 2014 年，实现学校的整体基础设施改善，实现高速宽带和 4G 网络接入。

4. 建成终身学习一站式门户网站 MySkillsFuture。

| 制度创新 | 得分：5.470 | 排名：17 |

1. 从 1997 年至今，已发布 5

个信息和通信技术教育总体规划。

2.《智慧国家计划》《数字就绪蓝图》《国家人工智能战略》等国家规划将数字教育作为优先发展事项。

3. 制定了学校硬件使用的国家标准。

4. 制定了一系列数字教育专项规划，包括《信息通信技术教育总体规划》《数字就绪蓝图》《教育技术计划》等。

| 内容重构 | 得分：6.380 | 排名：36 |

1. 全力打造学生学习空间（SLS），支持学生的定制学习。

2. SLS 提供的优质课程资源覆盖小学到大学预科阶段，有 1.2 万个可用资源和不同模块，支持学生开展自主学习。SLS 社区画廊为教师提供 7500 节课程。

3. 84% 的学生已每月使用 SLS 开展学习。

教学变革	得分：6.105	排名：12

1.通过 SLS 为学生提供自主学习和协作学习等不同的学习体验。

2.通过国家补贴等方式支持25 岁及以上成人开展终身学习。截至 2022 年 6 月，约 29% 符合条件的学习者已使用国家补贴开展课程学习。

3.超过 2 万名教师已使用SLS 的教师研修社区。教师可以使用 SLS 获取与课程一致的教学材料，管理学生学习，评估和监测学生进步。

治理升级	得分：7.420	排名：18

1.教育部门户网站提供入学注册申请、学校搜索、课程查找、奖学金申请等公共服务。

2.建成一站式数据开放门户网站，提供来自 70 个公共机构的公开数据集，包括教育数据。

3.制定了《个人数据保护法》，对教育数据保护进行了详细规定。

4.制定了《教育部门咨询指南（2018 年修订）》，对教育特定场景的数据保护条款进行了界定。

法国
France

人均 GDP（2022，$）	38,816.48
人口（2022，人）	67,935,660
国家财政性教育经费占 GDP 比例（2020，%）	5.50
学前毛入园率（2020，%）	106.66
小学毛入学率（2021，%）	102.74
中学毛入学率（2021，%）	104.42
高等教育毛入学率（2021，%）	68.97

法国数字教育分维度发展水平

素养提升 得分：7.168 排名：12

1. 将数字素养培养融入中小学所有学科课程。在小学培养编程意识，初中开设计算机科学教学，高中每周开设 90 分钟的数学科技课。

2. 基于欧盟框架制定了学生数字素养框架（cadre de référence des compétences numériques，CRCN）和教师数字素养框架（cadre de référence des compétences numériques en éducation，CRCN Édu）。

3. 对学生数字素养开展定期评

估，在 CM2 和 6è 年级[①] 进行测评。

4. 强制要求所有新教师通过数字技能水平认证。

5. 建成评估和认证数字技能国家平台 Pix，计划在 2024 年将平台课程列为 6è 年级必修课。

6. 欧洲统计局（Eurostat）数据显示，2021 年法国拥有基本及以上数字技能人口占比为 61.96%。

7. UIS 2021 年数据显示，高等教育 ICT 毕业生占比为 3.5%。启动两项人工智能人才培育计划，包括人工智能学科卓越培训计划和人工智能大规模培训计划。

| 体系构建 | 得分：4.097 | 排名：13 |

1. 欧洲第二次学校调查显示，小学、初中、高中有高度数字化装备和高速联网的学校占比分别为14%、52%、81%，小学、初中、高中网络带宽超过 100Mbps 的学

[①] 法国小学和初中采用五四制，CM2 和 6è 分别相当于中国小学 5 年级和初中 1 年级。

校占比分别为 10%、6%、13%。

2. 先后实施"数字化中学和创新""数字学校标签"等一系列数字校园项目，帮助学校改善数字基础设施，包括提供平板电脑、数字工具包等。

3. 建成数字大学的 FUN Campus 平台，为学生和教师提供在线课程，以实现混合式教学。法国国家远程教育中心（Centre national d'enseignement à distance, Cned）为大学各年级学生以及接受职业培训的成年人提供在线课程和教育资源。

| 制度创新 | 得分：7.450 | 排名：1 |

1. 教育法典整合了教育领域的法律、行政法规，多处涉及教育数字化的内容。

2. 在国家规划《法国 2030》中提出"教育和数字技术"加速战略，于 2023 年发布了教育数字化专项规划《教育数字化战略 2023—2027》。

3. 成立了伙伴委员会，国家教

育部和地方教育行政部门共同研究出台小学、初中和高中的基本数字设备标准。

内容重构	得分：8.640	排名：5

1. 建成面向从幼儿园到高中师生的数字教育平台 Lumni。

2. 国家层面还建成数字教育资源库（Banques de Ressources Numéri-ques Éducatives，BRNE）、Étincel 平台、Édu-Up 资源、Primàbord 等，为学校提供多样化的数字教育解决方案。

3. 通过资源访问管理器（Gestionnaire d'Accès aux Ressources，GAR）实现了"一键式"访问数字教育资源平台。

教学变革	得分：7.230	排名：2

1. 积极探索基于数字技术的个性化教学解决方案，其中 Édu-Up 系统为学生的差异化和个性化学习提供了基于人工智能的创新

解决方案。

2. 利用 PIX 平台监测学生发展状况。

3. 开展"为教师和由教师创造的人工智能"（AI4T）项目，探索人工智能在教育，特别是教师培训方面的应用。

治理升级	得分：6.620	排名：33

1. 大力推进学生信息库及单一身份验证程序的开发与应用，单一身份验证程序 ÉduConnect 使中小学生及其监护人能够访问教育机构的所有远程和数字服务。

2. 通过应用程序实现教育管理部门、学校、监管部门等对教育行政、教学事务的数字化管理。

3. 设立专职岗位和专门机构，引导对教育数据伦理的思考，促进对教育数据的利用与保护。

4. 推动家校社共同参与数字化校园建设，向家长发放《数字化校园中如何陪伴孩子》指导手册，促进家长参与数字教育建设。

德国
Germany

人均 GDP（2022，$）	43,361.18
人口（2022，人）	84,079,811
国家财政性教育经费占 GDP 比例（2020，%）	4.66
学前毛入园率（2020，%）	108.03
小学毛入学率（2021，%）	101.35
中学毛入学率（2021，%）	101.20
高等教育毛入学率（2021，%）	75.67

德国数字教育分维度发展水平

体系构建 6.687
素养提升 6.478
治理升级 7.990
制度创新 6.460
内容重构 5.020
教学变革 6.935

素养提升	得分：6.478	排名：30

1. 将数字变革纳入所有学科。

2. 制定了数字能力框架。

3. 将教师数字素养提升列为教育优先发展领域。

4. 打造专门针对人工智能的数字教育门户，开发数据素养课程和教材，并向教师和学生公开提供。

5. 投入大量经费用于教师数字化相关培训课程的研发以及参与教师培训的人员网络建设。

6. DESI 2022 报告显示，48.9%

的人掌握基本数字技能，18.8%的人水平高于基本数字技能。

7. UIS 2021 年数据显示，高等教育 ICT 毕业生占比为 5.1%。

体系构建	得分：6.687	排名：3

1. 实施"2019—2024 年数字契约学校"（DigitalPakt Schule）项目，推动学校数字化基础设施建设。

2. 2019—2024 年，联邦出资 2.5 亿欧元用于支持各州发展数字教育基础设施。

3. 国家投入经费为所有教师和学生按 1∶1 提供平板电脑，学生也可借用学校移动设备在家使用。

4. 大力发展跨州学校云网络建设，提供安全、功能齐全的学校云服务，为学生和教师提供全面、广泛的学习基础设施。

5. 建立 VHS 学习门户，为成人学习者提供免费的数字学习机会；正在开发开放源代码的数字

教育门户网站，提供免费的"人工智能"在线课程。

制度创新	得分：6.460	排名：10

1. 在《学校教育法》等教育法规中提出应着力培养适应数字世界的技能。

2. 制定了数字教育专项规划《数字知识社会教育战略》。

3. 构建教育技术基础设施标准。例如通过标准化、描述性的元数据，实现数据在不同平台间的传输。

内容重构	得分：5.020	排名：52

1. 将建设数字学习和教学平台作为国家优先事项之一。

2. 建成国家教育平台，将现有的和新的数字教育平台连接起来，通过共同的标准格式和互通操作的结构为每个公民提供教育机会。

3. 将现有培训平台相互连接，

开发人工智能支持的培训产品，使个性化学习成为可能，例如设计基于游戏的学习元素。

4. 自 2016 年以来，国家资助了 20 多个中小学和高等教育开放式教育资源项目。

教学变革	得分：6.935	排名：6

1. 积极探索数字技术支持下的教学方式变革。比如下萨克森州通过实施适应性学习计划 bettermarks 帮助学生开展个性化学习；跨州自适应学习云（ALC）实现了个性化的课程设计。

2. 积极探索数字技术支持下的教育评价方式变革。比如实施"在线诊断和性能评估基础架构"（TBA）项目，建立适应性和形成性测试系统。

3. 开发智能教学系统（ITS），为学生提供个性化支持，并减轻教师负担。

4. 制定了新的"欧洲社会基金 +"（ESF+）计划，为终身学习建立数字模拟网络教育场景。

治理升级	得分：7.990	排名：10

1. 启动 VIDIS 数字身份中介服务，一方面保护师生隐私，另一方面支持师生单点访问数字教育资源。2023 年，10 个州系统和 14 个教育机构已实现师生单点登录数据系统。

2. 在教育部官网上公开发布有关国内和国际研究、创新和教育的全面信息。

3. 制定了《电信和电信媒体数据保护法》《2005 年学校教育法》等多个法律法规，加强教育数据隐私保护。

英国
United Kingdom

2024 全球数字教育发展指数
排名

7

人均 GDP（2022，$）	47,923.48
人口（2022，人）	66,971,411
国家财政性教育经费占 GDP 比例（2020，%）	5.53
学前毛入园率（2020，%）	105.76
小学毛入学率（2021，%）	102.18
中学毛入学率（2021，%）	113.04
高等教育毛入学率（2021，%）	77.01

英国数字教育分维度发展水平

素养提升	得分：6.747	排名：23

1. 小学必修课程包括设计与技术，初中必修课程包括设计与技术、计算机科学，高中必修课程包括计算机科学。

2. 北爱尔兰和苏格兰将数字技术整合到所有学科课程中。

3. 制定了学生数字素养框架。

4. 苏格兰、北爱尔兰制定了教师数字素养框架。

5. TALIS 2018 显示，50.7% 的教师对信息化教学准备充分。

6. UIS 2021 年数据显示，高

等教育 ICT 毕业生占比为 4.4%。

体系构建	得分：4.637	排名：10

1. 投入大量经费支持学校数字化基础设施建设。

2. 2017 年，苏格兰制定的数字战略涉及数字学校计划。

3. 部分区域中小学网络带宽达到 100Mbps。

4. FutureLearn 在线教育平台提供英国多所大学在线课程，完成课程并通过评估，可获国际认可资格。

制度创新	得分：6.520	排名：5

1. 2019 年制定了《教育科技战略：释放技术在教育中的潜力》，旨在推动数字教育发展。

2. 制定了数字教育技术国家标准，包括宽带互联网标准、网络交换标准、网络布线标准、无线网络标准、网络安全标准、云解决方案标准、服务器和存储标

准等。

3. 北爱尔兰、威尔士制定的多个法案涉及数字教育。

内容重构	得分：7.050	排名：25

1. 建成国家数字学习平台和知识中心，教师可以选择各种课程开展学习。

2. 建成 Oak National Academy 在线平台，免费为中小学教师和学生提供课程。目前，平台已有 4 万多种资源及上亿节课程。

3. BBC Bitesize 平台为中小学生提供了丰富的学习资源，部分资源支持交互式学习。

教学变革	得分：7.300	排名：1

1. 通过数字权利（digital entitlements）向成年人提供基本数字技能培训。2021 年推出免费在线就业课程，为 19 岁以上且未获得三级完整资格证书的成年人提供机会学习数字化、计算机科

学和网络技能。

2.积极探索数字技术支持下的教与学方式变革，比如诺丁汉特伦特大学利用学情分析仪表盘提升学生课堂参与度。

3.积极探索数字技术支持下的教科研变革，比如博尔顿大学使用 Ada 虚拟助理支持教师开展教学和评估，伍尔弗汉普顿大学通过虚拟解剖技术提高医生培训的灵活性和效率。

治理升级	得分：6.980	排名：26

1.建有学生个人数据库、个性化学习记录数据库、劳动力普查数据库等多种数据库，涵盖基础教育和高等教育阶段。

2.教育部面向教育系统内部提供数百种数字服务。

3.制定了《英国通用数据保护条例》和《数据保护法》等法律法规，加强教育数据隐私保护。

澳大利亚
Australia

2024 全球数字教育发展指数

排名

8

人均 GDP（2022，$）	60,993.64
人口（2022，人）	25,978,935
国家财政性教育经费占 GDP 比例（2020，%）	6.10
学前毛入园率（2020，%）	160.21
小学毛入学率（2021，%）	99.93
中学毛入学率（2021，%）	135.53
高等教育毛入学率（2021，%）	112.69

澳大利亚数字教育分维度发展水平

素养提升	得分：8.225	排名：4

1. 2022 年第 9 版澳大利亚课程中的"技术"领域包含"数字技术"子类，该课程模块覆盖学前阶段到 10 年级，其中，数字素养被视为七种通用技能之一。

2. 国家教师专业标准（APST）对教师数字素养提出了具体要求，例如在"专业知识"部分包括"掌握 ICT 教学知识"，在"专业实践"部分包括"安全、负责任和合乎道德地使用 ICT"等。

3. 实施"连接倡议"（Be

Connected）项目，通过提供在线资源、学习工具和社区活动帮助老年人提升数字素养。

4. 2022 年信息通信技术素养全国评估结果显示，10 年级学生中有 46% 在使用信息通信技术方面达到熟练标准，6 年级学生中有 55% 达到熟练标准。

5. UIS 2021 年数据显示，高等教育 ICT 毕业生占比为 7.4%。

| 体系构建 | 得分：2.833 | 排名：25 |

1. 2007 年发布"数字教育革命"（Digital Education Revolution，DER）倡议，提出为所有公立高中 9—12 年级的学生提供笔记本电脑。

2. UNESCO 统计数据显示，近 5 年的中小学互联网接入率均为 100%。

3. 实施"学生宽带计划"，为近 3 万个无网络连接的家庭提供免费家庭互联网服务，直至 2025 年底。

4. 澳大利亚开放大学提供一系列课程，包括完全在线或线上线下混合等多种模式，学习者能够相对灵活地获得高等教育学位。"数字教育革命"倡议以及 Open2Study、Open Learning 等慕课平台进一步加强了课程间的贯通和学分互认，为学生提供更加多元化和灵活的学习途径。

| 制度创新 | 得分：6.520 | 排名：5 |

1. 2007 年起实施"数字教育革命"，提出为所有公立高中 9—12 年级的学生提供笔记本电脑，为所有学校接入高速宽带，提供优质数字工具、资源和基础设施等。

2. 制定了一系列与教育数字化相关的国家标准，覆盖基础设施、安全性、内容可访问性、教育技术应用等多个方面。

| 内容重构 | 得分：8.000 | 排名：12 |

1. 建成数字技术中心平台，

为师生、家长等提供在线课程、教学案例和教师专业发展建议等。

2. 建成数字学习资源库 Scootle，资源内容与澳大利亚课程的核心领域保持一致，包括互动多媒体、音频、视频等多种类型。

教学变革	得分：5.520	排名：15

1. 大力发展数字考试系统，支持在线开展全国 ICT 素养评估项目（National Assessment Program-ICT literacy，NAP-ICTL）等全国性学生能力测评。

2. 积极探索虚拟现实技术在教育培训中的应用，帮助职前教师为课堂教学做好准备。

3. 2013 年组织实施了对数字教育革命项目的进展评估，提到

"学校在推动信息技术教育应用方面取得重大进展"。

治理升级	得分：8.010	排名：8

1. 实施"多机构数据集成项目"（Multi-Agency Data Integration Project，MADIP），旨在整合健康、教育、政府支付、个人所得税以及人口统计数据。

2. 在国家层面，《隐私法》（1988 年）正在接受审查，《在线隐私法》（2021 年）正在拟定，旨在加强在线数据保护。各州已出台有关数据隐私和网络安全的法律法规或政策文件，以确保数字教育健康规范发展。比如，澳大利亚首都领地发布了《信息隐私法》、"安全和支持性学校"政策等。

中国
China

人均 GDP（2022，$）	11,560.24（58,698 元）①
人口（2022，人）	1,412,175,000（1,411,750,000）
国家财政性教育经费占 GDP 比例（2020，%）	3.57（4.22）
学前毛入园率（2020，%）	90.49（85.2）
小学毛入学率（2021，%）	99.43（88.1）
中学毛入学率（2021，%）	—
高等教育毛入学率（2021，%）	67.39（57.8）

中国数字教育分维度发展水平

素养提升	得分：7.197	排名：11

1. 2022 年教育部发布《义务教育信息科技课程标准（2022 年版）》后，信息技术类课程作为必修课程覆盖了义务教育学校、普通高中、中等职业学校、高等职业学校。

2. 2021 年教育部等五部门发布《关于大力加强中小学线上教

① 括号内为中国国家统计局或教育部统计数据。

育教学资源建设与应用的意见》，提出"将信息素养培育有机融入各门学科教育教学"。

3. 2022年开展中小学生数字素养的全国抽样测评，78.79%的中小学生数字素养达到合格以上水平。

4. 2022年教育部发布《教师数字素养》教育行业标准，超过86%的教师的数字素养达到合格及以上水平。

5. 2021年中央网络安全和信息化委员会发布的《提升全民数字素养与技能行动纲要》提出到2025年，全民数字素养与技能达到发达国家水平。

6. 经测算，2022年高等教育ICT毕业生占比为12.8%。

| 体系构建 | 得分：4.243 | 排名：11 |

1. 2022年，全国中小学全部实现100Mbps网络接入。

2. 2022年，全国基础教育师均教学用数字终端数为0.95，职业教育为1.24，高等教育为2.48。

3. 2015年起，教育部陆续发布职业院校、中小学、高等学校数字校园建设规范。

4. 2022年发布的《教育部等五部门关于加强普通高等学校在线开放课程教学管理的若干意见》就加强高校用以认定学分的在线开放课程教学管理提出相应意见。

5. 持续推进国家学分银行建设，建设数字化终身学习档案标准，在部分地区开展试点应用。

| 制度创新 | 得分：4.550 | 排名：21 |

1. "国家推进教育信息化"在《中华人民共和国教育法》（2021年第三次修正）中被明确提出。

2. 2022年，"推进教育数字化，建设全民终身学习的学习型社会、学习型大国"在中国共产党第二十次全国代表大会上的报告中被明确提出。

3. 截至2023年，已形成数

59

据、资源、应用、技术、管理等系列数字教育标准规范。

内容重构 得分：8.330 排名：6

1. 2022 年，在国家教育数字化战略行动部署下，聚合了国家中小学智慧教育平台、国家职业教育智慧教育平台、国家高等教育智慧教育平台、国家大学生就业服务平台的国家智慧教育公共服务平台正式上线，向学习者提供丰富的课程资源和教育服务。

2. 截至 2023 年 2 月，国家智慧教育公共服务平台已基本建成世界最大的教育教学资源库。截至 2023 年底，平台累计浏览量已经达到 364.8 亿次，访客量超过 25.07 亿人次，用户覆盖了 200 多个国家和地区。

3. 2023 年 9 月，中国"国家智慧教育公共服务平台"项目获 2022 年度联合国教科文组织哈马德·本·伊萨·阿勒哈利法国王教育信息化奖。

教学变革 得分：5.930 排名：13

1. 2023 年寒假，全国教师利用国家智慧教育公共服务平台开展教师研修，共有 1372 万余名教师参与，约占全国各级各类专任教师的 74.4%。

2. 2023 年，开展全民阅读活动，举办全民终身学习活动周。

3. 部分区域开展了数字化过程性监测评价试点探索，建立高校数字化基础信息数据库，定期采集学科、专业、学生、教师、科研等数据，实现对高等教育质量的常态化监测。

4. 部分区域开展数据驱动的大规模因材施教的试点探索。

治理升级 得分：8.350 排名：5

1. 推进学校、教师、学生的基础信息数据库建设，建立了全国中小学生"一人一号"的电子学籍档案。

2. 推动教育管理、政务、服

务等方面实现数据驱动的教育治理。截至 2020 年底，共享教育基础数据达 2.1 亿次，支撑 600 多项地方业务开展。

3.出台有关网络信息安全、数据安全等多项国家法律规范，以及需教育领域执行的网络数据安全管理办法等监管措施，以确保数字教育健康规范发展。

爱沙尼亚
Estonia

人均 GDP（2022，$）	21,143.29
人口（2022，人）	1,344,768
国家财政性教育经费占 GDP 比例（2020，%）	6.58
学前毛入园率（2020，%）	—
小学毛入学率（2021，%）	98.81
中学毛入学率（2021，%）	113.01
高等教育毛入学率（2021，%）	73.15

爱沙尼亚数字教育分维度发展水平

素养提升	得分：8.253	排名：3

1. 将数字素养作为国家课程中的八项核心能力之一，将数字素养培养融入所有学科。

2. 制定了学生数字能力框架，包括信息和数据素养、沟通与协作、数字内容创建、安全、问题解决五个维度。

3. 制定了覆盖每个关键教育阶段的学生评估标准，这些标准与学生数字能力框架的五个维度相关联。

4. 制定了《爱沙尼亚人工智

能战略2019—2021年》，要求在学校数字技能课程中加入人工智能主题。

5.使用国家网络考试信息系统（EIS）开展学生数字素养测评。2021年，49.7%的8年级学生和28.4%的11年级学生参加了测评。

6.每年有18%—21%的中小学教师参加教育和青少年委员会（Harno）举办的ICT相关专业发展课程。

7.欧洲国家数字学习评估结果显示，爱沙尼亚排名第1。

8.在学士学位和应用高等教育阶段，11%的学生选择学习ICT。每7名攻读硕士学位的学生中就有1名选择学习ICT。

9.DESI 2021报告显示，56.37%的人具备基本及以上数字技能。

10. UIS 2021年数据显示，高等教育ICT毕业生占比为10.1%。

| 体系构建 | 得分：3.600 | 排名：17 |

1. 2015年启动学校互联网物

理基础设施现代化建设，要求学校网络速度至少达到1Gbps，所有教室均实现Wi-Fi全面覆盖，并根据需要提高访问速度。

2. 95%的学校使用电子学校解决方案（例如eKool、Stuudium）。

3.国家课程在教育和青少年委员会运营的门户网站上以数字方式提供。

4.部分大学认定线上课程学分。

| 制度创新 | 得分：4.600 | 排名：20 |

1.《基础学校和高中法》《2022职业教育机构法》等多个教育法律法规中均提及数字教育。

2.《爱沙尼亚数字议程2030》提出，启动与数字技能相关的教育培训和技能提升举措。

3.《2021—2030年数字战略》提出，发展数字技能是每一级教育的应有之义。

4. 2019年，修订完善国家统一的教育信息系统建设标准。

内容重构	得分：6.010	排名：40

1. 制定了"教育国家"数字解决办法，包括一系列可用于远程教育的在线工具、学习和教学平台。

2. 在教育中广泛使用数字数据库、数字教科书、电子学习材料、数字课堂日记、数字评估等众多智能解决方案。

3. 国家提供的"数字学习材料门户"包含基础教育、普通中等教育和职业教育的教育资源。

教学变革	得分：6.945	排名：5

1. 一半以上的学校和部分幼儿园已通过游戏方式向儿童教授编程和机器人技术。

2. 推出交互式数字学习材料平台 Opiq。2016—2019 年，数字教科书的使用量增长了十倍以上，500 多所学校都在使用。

3. 学校使用网络应用程序 eKool 和 Stuudium，为家长、教师和儿童提供协作和组织教学与学习所需的所有信息。

4. 制定了"2020 年终身学习"战略，旨在提高全体公民的数字技能，并确保其获得新一代数字基础设施。

5. 建有国家研究信息系统（ETIS），集中了研究和开发机构、研究人员、研究项目和各种产出的信息，是研究人员和研发机构重要的信息交流渠道和工具。

6. 拥有完善的学生数字能力评估系统，从学生 3 年级开始使用。

7. 2021 年，设立"教育无任所大使"，目标是将爱沙尼亚的应用方法和实践向全世界推广。

治理升级	得分：8.690	排名：1

1. 建成国家教育信息数据库（EHIS），存储自 2005 年以来的数据，可根据需求提供数据服务。

2. 教育数据通过爱沙尼亚教育统计门户网站 HaridusSilm 向所

有人公开，支持基于证据的决策。

3.95%的学校使用电子日记实现管理数字化。

4.着力培养学生数字安全意识和能力。从幼儿园开始开展网络安全意识教育，并针对7—13岁儿童开展社交媒体安全和编程竞赛。

瑞士
Switzerland

人均 GDP（2022，$）	90,057,04
人口（2022，人）	8,769,741
国家财政性教育经费占 GDP 比例（2020，%）	5.22
学前毛入园率（2020，%）	102.87
小学毛入学率（2021，%）	101.48
中学毛入学率（2021，%）	103.61
高等教育毛入学率（2021，%）	71.89

瑞士数字教育分维度发展水平

素养提升	得分：6.127	排名：37

1. 义务教育阶段，瑞士并未在国家层面统一要求开设数字化相关课程，但个别州在自主学科中将数字技术作为单独的课程开设。在高中阶段，瑞士将计算机科学作为必修科目。

2. 法语、德语、意大利语三大语言区在各自的义务教育课程计划中，均对数字技能的具体内容进行了描述，并将数字技能作为连接各个学科的跨学科主题领域，融入各学科教学中，以确保数字技能的跨学科传播。

3. 个别州制定了教师在数字和媒体、图像、信息与通信技术（Media, Images, Information and Communication Technologies，MITIC）领域的能力参考框架。

4. 2020 年夏季和 2022 年冬季，瑞士基于欧洲教师数字技能参考框架（DigCompEdu）开展了两次"职业学校教师数字化技能"全国调查，职业教育教师数字技能整体得分在两次调查中分别为 56.00 分和 59.91 分。

5. 2019 年，瑞士制定的 ICT 基本技能指导框架指出了成人数字技能应包含的五个能力领域，为成人培训提供了内容目标。

6. 2019 年，瑞士达到基本以上数字技能水平的人口比例约为 74%。

7. UIS 2021 年数据显示，高等教育 ICT 毕业生占比为 3.0%。

体系构建	得分：3.890	排名：15

1. 2022 年，瑞士学校互联网接入率略高于 90%。

2. 瑞士在《教育领域数字化转型战略》中提出为学校提供必要的资源，并明确了为学生配备数字设备的方式。

3. 学校与课程平台 EduU 为 12,000 多所学校提供了数字化解决方案，类似的应用程序还有 Eklara，为瑞士数百所有特殊需要的学校提供了数字学习所需。

4. 瑞士的部分大学，如苏黎世联邦理工学院、瑞士商业与管理学院等，提供了混合式学习项目。

制度创新	得分：6.520	排名：5

1. 在州层面，一些与中小学教育有关的法律涉及数字教育相关内容，主要为技术在教育中的应用。

2. 2018 年，州教育部长会议（EDK）发布了国家数字教育规划《教育领域数字化转型战略》。2019 年和 2020 年，瑞士实施"教育、研究和创新（ERI）数字化"行动计划，从八个行动领域加强教育和研究中的数字技能。

3. 教育专家机构 Educa 组织相关领域专家为在线课程制定了数据资源标准。

内容重构	得分：8.330	排名：6

1. 瑞士构建了覆盖各学段、各领域的在线资源平台，如 Educa Biblio、SFIVET 在线学习平台，瑞士慕课服务分别面向中小学、职教和高教，其他中小学数字教育公共资源平台还包括 Educamint（面向德语区）和 Plan d'études romand（PER）在线资源（面向法语区）等。

2. 高等教育数字资源平台、中小学数字资源平台提供的资源均面向国内外用户且可免费使用。经认证的教师还可使用中小学数字资源平台中提供的教学资源。

教学变革	得分：4.945	排名：23

1. "在异质性学习小组中的个性化学习概念"（Personalized Learning Concepts in Heterogeneous Learning Groups，perLen）项目中，瑞士在 65 所学校开展了个性化学习概念影响下的教学及其效果研究，并探讨了教师的相关角色和要求，其中也包含对在教育教学中应用数字技术开展个性化教学的研究，项目建成了 11 所"案例学校"。

2. 瑞士开展了多项全民终身学习项目。终身学习网站 explore.lifelonglearning 提供了关键的学习内容和服务。

3. 在线练习和考试平台 IsTest 与苏黎世联邦理工学院的安全考试浏览器结合，为学生提供自带设备（Bring Your Own Device，BYOD）情况下的安全考试环境。

4. 瑞士德语区和法语区均为教师提供了在线研修平台。

治理升级	得分：8.350	排名：5

1. Edulog 平台提供了对所有教育应用程序的统一身份认证。

2.《联邦数据保护法》中对个人数据隐私保护的规定也适用于教育领域。瑞士在人工智能领域一直处于前沿位置，包括对人工智能道德规范的探讨。

3. swissuniversities 网站可提供外国学位在线认证、医学学位在线注册以及其他一些流动项目的在线申请服务。

以色列
Israel

2024 全球数字教育发展指数
排名

12

人均 GDP（2022，$）	42,710.78
人口（2022，人）	9,550,600
国家财政性教育经费占 GDP 比例（2020，%）	7.07
学前毛入园率（2020，%）	111.23
小学毛入学率（2021，%）	96.25
中学毛入学率（2021，%）	96.93
高等教育毛入学率（2021，%）	58.99

以色列数字教育分维度发展水平

素养提升	得分：6.760	排名：22

1.在全国范围的学校内实施数字媒体和信息扫盲教育课程。"科学与技术"课程从幼儿园到中学均有开设，2011 年更新课程后更加强调高阶思维过程，鼓励学生在探索和实践中培养信息收集和处理技能。

2.制定了将数字素养融入课程计划和学校学习过程的详细指南。

3.为小学、初中、高中学生分别制定了 ICT 素养框架，并使用替代、增强、修改和重新定义（Substitution, Augmentation, Modification, and Redefinition，SAMR）模型列出了每个教育等级应具备的九项具体数字能力，将数字技能纳入科学技术大学学生毕业标准。

4. 国家教育评估局（RAMA）已将科学和技术及21世纪技能测试（数字测试）纳入其2024—2026年6年级和9年级的学生评估中。

5. 对教师将ICT融入课堂所需的技能作出了明确规定，并在教师专业发展中开设了数字技能相关课程。

6. TALIS 2018显示，以色列对信息化教学准备充分的教师占比为46.6%。

7. UIS 2021年数据显示，高等教育ICT毕业生占比为6.6%。

入是以色列"使教育系统适应21世纪"计划基本配置阶段的一部分。2020年，以色列小学、初中、高中互联网接入率分别为92.01%、98.98%、99.02%。

2. "一班一电脑"项目为特定地区的所有4年级学生提供笔记本和平板二合一电脑。2023年，该项目在16个市政区、107所学校中实施，覆盖学生约5800名。该项目至今已分发超过13.5万套电脑给224个区域的儿童。

3. 教育部网站为4—12年级的学生提供在线课程，包括初中数学、英语、物理、生物等，小学英语、数学、语言等，学生可以在线完成相关课程的学习。

4. 国家在线数字学习平台CampusIL提供70多种学术课程，使本科生能够获得多学科学士学位的学术学分。

体系构建	得分：3.530	排名：18

1. 使所有学校实现互联网接

制度创新	得分：6.210	排名：11

1. 发布了国家教育技术政策

主要框架"使教育系统适应21世纪",该计划的八大目标涉及数字素养、数字内容、数字空间、数字环境等概念。

2.教育部网站发布了数字集成学习中数字基础设施装备、设备辐射与安全等的标准及规范。

内容重构	得分：8.280	排名：11

1.教育部网站为中小学（含职业教育）提供了广泛的数字内容，包括课程资源、学习材料、学生任务数据库等。此外，EduCloud项目为师生提供了集中、安全、可访问的数字学习资源平台，希伯来大学的Snunit网站为学生提供了具有交互性的游戏化学习资源，国家在线数字学习平台CampusIL则主要面向高等教育。

2.高等教育公共数字平台的资源对国内外注册用户免费开放，但获得认证可能需要支付相关费用。中小学公共数字教育平

台则需使用教育部统一标识方可访问。

教学变革	得分：4.980	排名：22

1.教育部网站为教师在数字环境中为学习者量身定制任务和反馈提供了具体实践方案。教学空间模块服务于教师教学及研究，提供了各种教学工具和实践案例。专业发展和培训模块为教师提供了专业发展和培训所需的课程及资源。

2.国家ICT计划为初级和高级中学提供了基于ICT的考试项目数据库，开展了高考改革，实施了基于ICT的大学入学考试，并开发了通用数字环境作为数字混合学习中评估的替代方案，教师可利用该数字环境自行规划评估过程，随时跟踪、反馈和指导学生的学习过程。

3.每个教职工培养机构Pisgah中心都有专门的网站，可为教师提供面对面、混合或远程学习的课程和学习框架。

治理升级	得分：7.990	排名：10

1.为学生和教师建立了全面的身份管理制度，师生可使用唯一密码访问所有授权的资源。

2.教育部官方在线数据库B'Mabat Rachav 提供各类教育管理数据，可用于教育决策。

3.在教育机构门户网站中给出网络空间安全行为提示、经验做法和正确习惯建议，并制定了数字工具指南、"安全互联网公约"等，帮助学生、教师和家长们在网络空间，特别是远程学习中，维护隐私和信息安全。

新西兰
New Zealand

2024 全球数字教育发展指数排名

13

人均GDP（2022，$）	42,558.94
人口（2022，人）	5,124,100
国家财政性教育经费占GDP比例（2020，%）	5.98
学前毛入园率（2020，%）	91.68
小学毛入学率（2021，%）	97.92
中学毛入学率（2021，%）	117.60
高等教育毛入学率（2021，%）	79.41

新西兰数字教育分维度发展水平

素养提升　得分：6.972　排名：19

1. 2020 年修订了国家课程中的"技术"科目，强调培养学生成为具有数字能力的个体。在小学阶段，教师往往采取跨学科教学方法，将技术学习融入多个学科教学。

2. 政府资助的教师专业发展项目关注"数字流畅性"（digital fluency），包括帮助教师熟练生产数字内容等，支持教师自信且有效地使用数字技术，以提高教学成果。

3.有多个国家层面的公民数字素养专项培训。例如国家图书馆的数字素养提升策略、教育开放实践中心的免费在线课程等。

4.UIS 2021年数据显示，高等教育ICT毕业生占比为6.4%。

体系构建	得分：2.860	排名：24

1.教育部在2021—2026年数字化战略中着重解决数字鸿沟问题，包括向没有设备的学生提供笔记本电脑、平板电脑等电子设备。

2.奥克兰大学通过"未来学习"（Future Learn）平台开发慕课，并建立了"奥克兰在线"平台，提供研究生学位课程，确保课程内容的完整性和一体化。

制度创新	得分：6.520	排名：5

1.2015年发布了《教育系统数字战略：数字化时代的教育变革（2015—2020年）》，核心目标是创建一个互联、安全、以学生为中心的在线生态系统，为所有学习者提供丰富、无缝衔接的教育体验，具体举措包括将数字技术纳入国家课程、推行教育成就国家证书（NCEA）在线评估、开发学习者信息共享平台等。

2.2023年，教育部联合多个部门共同发布了《互联Ako：数字化和数据学习》（Connected Ako: Digital and Data for Learning），其愿景包含三个关键方面：学习者和教育者在数字世界充分成长；人们具备数字和数据能力以促进增长；充分运用数据和数字技术优化学习、教学、评估和研究。

内容重构	得分：6.430	排名：35

1.教育部发起建立了中小学在线资源网站（Te Kete Ipurangi，TKI），能够提供各种教学资源、课程指导、国家标准和其他教育相关的信息，绝大多数资源免费

对外开放。

2. TKI 包含多种类型的在线学习模块，如 Cyber Skills Aotearoa 计划，旨在帮助 6—13 年级的学生发展网络安全技能和态度。

教学变革	得分：4.365	排名：28

1. 开发了面向中小学的在线学业评估工具 e-asTTle，旨在评估学生在阅读、数学、写作等方面的成就和进步，测试可以在线进行。

2. 教育部支持开发了在线学习平台 Study With New Zealand。平台内聚集了新西兰相关教育机构提供的在线课程和资料，使学习者能够个性化地开展在线学习，从而有效提高全民数字化终身学习的机会。

治理升级	得分：8.690	排名：1

1. 使用"教育部门登录"（Education Sector Logon，ESL）来整体优化基于数据的教育治理流程。通过 ESL，教师、学生、家长等不同身份的用户可以安全、顺畅地登录和访问教育部门的多种在线应用和服务。

2. 使用"综合数据基础设施"（Integrated Data Infrastructure，IDI）数据库整合不同领域的公民数据，主要包含关于个人和家庭的去标识化微数据，涵盖了生活事件，如教育、收入、福利、移民、司法和健康等方面。

3. 重视教育数据安全问题，2023 年 6 月发布的《互联 Ako：数字化和数据学习》特别提到了"确保网络安全，保护学习者、提供者和数据的完整性"。

丹麦
Denmark

人均 GDP（2022，$）	60,345.56
人口（2022，人）	5,903,037
国家财政性教育经费占 GDP 比例（2020，%）	6.38
学前毛入园率（2020，%）	103.20
小学毛入学率（2021，%）	100.31
中学毛入学率（2021，%）	131.77
高等教育毛入学率（2021，%）	83.98

丹麦数字教育分维度发展水平

素养提升	得分：8.380	排名：2

1.在小学阶段，明确开设技术课程，培养学生的计算思维。在高中阶段将信息学设为必修科目。在各级各类教育中通过学科融合、实验项目、竞赛、测试等方式提升学生的数字能力。

2. ICILS 2018 调查显示，丹麦学生计算机和信息素养排名第1，学生计算思维排名第2。

3. TALIS 2018 显示，对信息化教学准备充分的教师占比为39.5%。

4. 在《数字增长战略》中强调提升全民数字技能。

5. 欧洲统计局数据显示，2021年丹麦拥有基本及以上数字技能人口占比为68.65%。

6. UIS 2021年数据显示，高等教育ICT毕业生占比为5.7%。

体系构建	得分：2.243	排名：34

1. 80%以上的学生就读于通过光纤上网的学校。

2. 政府鼓励关注学生自带数字设备计划，有超过三分之二的学校采用学生自带数字设备。

3. 小学、初中、高中三个学段使用互联网的学生比例分别达到70%、75%和90%，且在课堂上使用自带数字设备学习的情况也很普遍。

4. 15岁学生人均计算机拥有比例高于OECD平均水平。

5. 紧急教育情况下可采用远程学习和虚拟教学，远程学习或虚拟教学可提交并接收数字家庭作业，并由教师进行后续评价和评估。

制度创新	得分：2.880	排名：39

1. 2018年发布了《教育技术行动计划》，对教育数字化进行了专项规划。

2. 在数字化发展规划《丹麦数字增长战略》中提出，要提升全民数字技能，包含职业教育数字化、高等教育数字化等。

3. 提出了国家数字战略，其中包括四项关于数字技能和教育的举措。

内容重构	得分：9.000	排名：1

1. 已建立多个国家公共数字教育平台。儿童和教育部建立的数字学习国家教育平台（EMU）为各级各类教育提供教学材料，覆盖从儿童保育到成人和继续培训的所有学段。

2. 数字平台提供多种数字资

源，如电子书、数字学习课程、数字游戏、交互资源等。

3. 国家教育平台无登录窗口，国内外用户均可检索学习网站上的资源。

教学变革	得分：3.915	排名：33

1. 重视数字化基础设施的建设，推动师生教学方式和学习方式发生变革。

2. 建立了一个知识中心，以促进在技术和职业教育与培训中使用先进的虚拟现实技术。

3. TALIS 2018 显示，"经常/总是"让学生在项目或课堂上使用 ICT 的教师占比达到 90%。

4. 自 2016 年夏季学期起，数字考试结算系统已被用于高中阶段的所有笔试。

治理升级	得分：7.380	排名：20

1. 在国家层面建设教育数据资源，并与公民共享。2017 年后所有城市的数字学习平台、无线互联网以及数字资源和平台都有通用标准。

2.《2018—2021 年网络和信息安全战略》优先考虑保障数据伦理和个人数据信息安全。

3. 政府基于国家 ICT 战略，通过构建高效的行政办公网站，从民众使用角度提供服务。

日本
Japan

2024 全球数字教育发展指数
排名

15

人均 GDP（2022，$）	36,032.39
人口（2022，人）	125,124,989
国家财政性教育经费占 GDP 比例（2020，%）	3.42
学前毛入园率（2020，%）	—
小学毛入学率（2021，%）	—
中学毛入学率（2021，%）	—
高等教育毛入学率（2021，%）	—

日本数字教育分维度发展水平

素养提升	得分：6.323	排名：34

1. 文部科学省编写了《小学编程教育指南》。

2. 在教师培训阶段，小学、初中和高中阶段必修至少一个学分的"信息和传播技术教育理论与方法"课程。

3.《数字田园都市国家构想》提出：到 2026 年，将培养 230 万名"数字促进人员"，他们拥有专门的数字知识和能力，将通过数字化实施来解决地区问题。

4. 2019—2021 年，日本能够

查找、下载、安装和配置软件的成年人在城镇占 60%、在乡村占 50%。

| 体系构建 | 得分：6.387 | 排名：5 |

1. 修改后的《学校教育法》认定了利用平板电脑等设备学习的"电子教科书"可同样作为正式教材使用。

2. 全国公立学校中，移动通信最大速度为 100Mbps 以上的比例达到八成。

3. 2022 年，公立学校全国平均计算机配备情况为 0.9 人 / 台，2021 年私立学校全国平均计算机配备情况为 1.4 人 / 台。

| 制度创新 | 得分：5.780 | 排名：12 |

1. 发布了《面向教育 ICT 化环境配置五年计划（2018—2022年）》《2018 年以后学校 ICT 环境配置方针》《利用尖端技术支持新时代学习推进方略》等规划文件。

2. 制定了《教育振兴基本计划》，在 2023—2027 年计划中，教育数字化转型被定位为教育政策的五项基本原则之一。

3. 颁布了《学校信息安全相关准则》。

| 内容重构 | 得分：6.740 | 排名：32 |

1. 学科教育资源涵盖普通教育和特殊教育的学前教育、小学教育、初中教育、高中教育（含专科）学段。

2. 文部科学省官网上设置了儿童学习支援网站，教学资源涵盖了大学以前的所有科目，特别是为残障学习者也提供了学习资源。另外，经济产业省开通了未来教室平台，含 STEM 图书馆、EdTech 图书馆、学校工作方式改革、未来教室信息四个大模块，为学习者提供专题化学习内容。

| 教学变革 | 得分：3.705 | 排名：37 |

1. 文部科学省《2022 年度学校教育信息化实况调查结果》显示，约有 84% 的教师利用电脑将儿童的作品、报告、工作表等进行记录和整理，并开展评价。

2. 中央教育审议会初等中等教育分科会教育课程部会的《儿童学生学习评价的应有之态》报告指出，根据教师工作实际情况，应推进指导手册、通知表、调查书等的电子化，各教育委员会应整备统合型校务支援系统等的 ICT 环境和推进校务信息化，从而减轻学习评价和成绩处理相关事务等方面的负担。

| 治理升级 | 得分：3.180 | 排名：52 |

1. 2003 年《个人信息保护法》（2023 年修订）保护个人权益，同时考虑到个人信息的有用性。

2. 2021 年，日本在国立教育政策研究所设置了教育数据科学中心。

3. 文部科学省发布了《教育信息安全政策指南》，为地方公共团体制定和修改以学校为对象的信息安全政策提供参考依据。

加拿大
Canada

2024 全球数字教育发展指数排名

16

人均 GDP（2022，$）	44,928.59
人口（2022，人）	38,929,902
国家财政性教育经费占 GDP 比例（2020，%）	5.17
学前毛入园率（2020，%）	48.92
小学毛入学率（2021，%）	96.29
中学毛入学率（2021，%）	109.33
高等教育毛入学率（2021，%）	77.80

加拿大数字教育分维度发展水平

素养提升	得分：5.662	排名：43

1. 各省基本都开设了信息技术相关课程，安大略省 10 年级计算机课程中包含人工智能相关内容。

2. 各省在实践中形成了独立型学科课程、整合型综合课程和应用型实践课程等多种课程模式。

3. 数字与媒体素养中心（Media Smarts）提出数字素养框架，并汇集了数字化相关资料供教育工作者、学生、家长等学习。

4. 实施"加拿大教育者数字

素养培训计划"，以帮助教师解决在数字化教学实践和对学生进行数字素养教育中所面临的问题，如阿尔伯塔省教育部提供了面向教师的 ICT 课程。

5. TALIS 2018 显示，超过65%的教师"经常／总是"让学生在项目或课堂上使用 ICT。

6. 发布了《数字化人才行动计划》，提出要培养大量数字化人才。

7. UIS 2021 年数据显示，高等教育 ICT 毕业生占比为 5.6%。

3. 在线学习课程覆盖 K—12，部分区域把取得在线学分作为中学毕业要求。

4. 实施"学分证书"行动，在高中和大学开展基于线上线下混合教学的弹性学制实验。

5. 2019—2020 学年，有 310,582 名 K—12 学生参加了在线学习，增长率达 6.0%；2020—2021 学年共有 387,385 名 K—12 学生参加在线学习，增长率达 7.3%，学生参与总数与增速刷新历史最高纪录。

体系构建	得分：5.103	排名：8

1. 制定了《全民高速网络战略》。

2. 各省在政策和法律层面支持为师生提供信息化设备，例如，魁北克省《教育法 2022》规定学生有权免费使用实施活动计划或教学计划所需的教学材料，包括实验室设备和技术设备。

制度创新	得分：1.280	排名：56

1.《2023—2027 年加拿大教育部长理事会战略计划》中十大目标的第二项为"探索和讨论利用技术增强学习的方法"。

2. 加拿大教育事务归属地方管辖，各省和地区都部署了有关教育技术的政策、计划和战略，但无全国层面的立法。

内容重构	得分：9.000	排名：1

1. 各省都有在线学习平台，以K—12教育为主；高等教育设有全国统一的在线认证网站与学位制度。

2. 各省推进在线教育新模式，都提出了在线课程和开放资源建设行动或要求。

3. 高等教育在线认证课程面向全球。

教学变革	得分：4.710	排名：24

1. 运用数字技术开展了线上线下教学相结合的探索，3D打印、人工智能、虚拟现实/增强现实、应用程序、游戏化和学习管理系统工具等创新数字技术被应用于加拿大课堂，各地区开展了相关教育实验。

2. 2018年启动数字扫盲交流计划，帮助公民提升数字素养；2023年开启新一阶段行动，提出

"让公民掌握与计算机打交道的必要技能，移动设备和互联网安全、可靠、有效"。

3. 资助用于在线、远程和混合学习的学习管理系统，支持教育工作者有效使用虚拟学习环境。例如，安大略省的虚拟学习社区为教师提供了虚拟学习和虚拟教学等研讨和实践。

治理升级	得分：7.310	排名：21

1. 开发"系统互操作性框架"，免费提供给所有利益相关者和开发人员。

2. 为了解国家数字学习进展，每年开展相关年度调查。

3. 出台多项国家法律规范，监管网络信息与数据安全。

4. 加拿大国际认证信息中心（CICIC）网站汇集了加拿大教育相关信息，可以查询各级学校的信息。

西班牙
Spain

人均 GDP（2022，$）	27,702.75
人口（2022，人）	47,615,034
国家财政性教育经费占 GDP 比例（2020，%）	4.59
学前毛入园率（2020，%）	101.83
小学毛入学率（2021，%）	102.90
中学毛入学率（2021，%）	119.11
高等教育毛入学率（2021，%）	94.59

西班牙数字教育分维度发展水平

素养提升	得分：6.718	排名：25

1. 颁布皇家法令，将数字能力培养纳入幼儿、小学、中学和高中各个学段。小学课程以横向的方式呈现技术和数字学习的使用；中学课程必须将"技术和数字化"纳入前三学期，在第四学期的选修科目中纳入"数字化"。

2.《2026 年数字议程》推动了各领域的数字技能发展，包括中小学和职业教育系统的数字技能。

3.《国家数字能力计划》提到，在整个教育课程中引入计算

思维和编程。

4.《教师数字能力框架（2022年）》确立了教师所需的具体教学能力，还开发了教师数字能力测评工具包。

5. TALIS 2018 显示，36.2%的教师对信息化教学准备充分。

6. DESI 2022 报告显示，64.16%的人具备基本及以上数字技能。

7. UIS 2021 年数据显示，高等教育 ICT 毕业生占比为 4.80%。

体系构建	得分：5.173	排名：7

1. 西班牙所有学校和 97% 的教室都已接入互联网，77% 的学校网络带宽超过 20Mbps，94.4%的学校设有无线局域网。

2. 2018—2019 学年，生机比为 3∶1（公立学校 2.8∶1，私立学校 3.2∶1）。

3. 约 60% 的教室拥有交互式数字系统，89% 的教育机构拥有网站，45% 的学校拥有虚拟学习环境。

4. 2016 年建成首个"未来教室"（Wow Room），智慧课堂通过人脸识别系统完成课堂的自动考勤，并记录每名学生在课堂上的行为与表情。

5. 2020 年启动了《数字教育方案》，利用人工智能开展个性化的教育。

制度创新	得分：7.020	排名：4

1. 制定了《2021—2027 年数字教育行动计划》。

2. "国家数字能力计划"包含提升数字化能力的 7 条行动路线，共计 16 项措施。

3.《数字议程 2026》于 2020年启动，被视作推动国家数字化转型的指南。

4. 根据欧盟的《面向教育组织的数字能力框架》，从三个维度评价学校数字能力：教学、技术以及组织。

5.《2006 年教育组织法修正案》（LOMLOE）提到了数字战

略、数字技术的使用、互操作性、标准和数字胜任力的参考框架。

内容重构	得分：8.310	排名：8

1. 国家教育技术和教师培训研究所（INTEF）设计了在线学习资源网站，为教师、家庭和学生提供可在线使用的不同类型资源，资源类型覆盖文本、音视频、沉浸式资源、工具等，并面向国外用户免费开放。

2. 教育门户网站 Aprendo en Casa 为教师、家庭和学生提供优质的教育资源、工具和应用程序。

3. 将建立数字培训支持中心网络，即加强现有的导师课堂（Aulas Mentor）网络，并建立1500 个数字培训支持中心。

教学变革	得分：1.980	排名：48

1. 积极开展技术支持下教学方式的变革，比如，利用"课堂中的AI"帮助学生开展个性化学习。

2. 国家公共就业服务局（SEPE）、国家就业培训基金会（Fundae）和几家大型技术公司于2019 年签署协议，以创建数字技能培训资源包，并免费公开。

治理升级	得分：2.480	排名：55

1. 重视新技术带来的伦理困境及德育问题，通过完善法律，常态化地对其进行规避和处理。如 LOMLOE 规定每个教育机构的教育项目应包括预防校园欺凌和网络欺凌等内容。

2. 遵循《关于个人数据保护和数字权利保障的第 2/2018 号组织法》，对数据处理、保护给出了明确规定。

3. 建设了一套保护校园中未成年人数据使用的法律框架，包括第 2/2018 号《组织法》个人资料保护条款、数字权利保障条款，以及《视像传播法》等。

马来西亚
Malaysia

2024 全球数字教育发展指数排名

18

人均 GDP（2022，$）	11,399.40
人口（2022，人）	33,938,221
国家财政性教育经费占 GDP 比例（2020，%）	3.92
学前毛入园率（2020，%）	96.75
小学毛入学率（2021，%）	101.17
中学毛入学率（2021，%）	80.27
高等教育毛入学率（2021，%）	40.91

马来西亚数字教育分维度发展水平

素养提升	得分：6.240	排名：35

1.《马来西亚数字经济蓝图》提出培养具备适应、创造和创新数字技术能力的学生。

2. 2019 年推出的"马来西亚数字教育学习倡议"（Digital Educational Learning Initiative Malaysia，DELIMa）可将学生处理复杂问题的计算思维和计算机科学技能整合到课程中。

3.《马来西亚数字经济蓝图》推出"我的数字教师"计划，加强了其现有培训计划，鼓励教师充分使用数字工具和技术，目的是确保所有教师在 2025 年底之前达到国际教育技术协会制定的最低 ICT 素养标准。

4. 推出与数字经济相关的专业技能提升计划，培养和提高员工在网络安全、内容创建、数据分析、系统集成、人工智能和其他相关专业技能领域的数字技能。

5. UIS 2022 年数据显示，高等教育 ICT 毕业生占比为 7.7%。

体系构建	得分：5.420	排名：6

1. 教育部为 10,233 所学校提供了速度在 30—300Mbps 的宽带互联网。

2. 推出"我的设备"计划，确保马来西亚的所有学生都能进行数字学习。

3. 教育部启动了一项 13 亿令吉（约合 21 亿元人民币）的举措，以改善和更换全国学校的 ICT 设备和基础设施，包括台式机和笔记本电脑、打印机、投影仪和充电端口。

4. 公立大学共提供了 1376 个大规模开放在线课程，使 554,101 名学生受益。在线教育已成为大学课程的一个重要组成部分，多达 70% 的课程必须使用混合学习模块。已有 7 所公立大学同意提供学分转移的慕课。

制度创新	得分：2.240	排名：44

1.《2013—2025 年马来西亚教育蓝图计划》通过了教育系统的 11 个数字化转型重点。《2021—2025 年第 12 期马来西亚计划》引入了数字教育战略，以加速教育议程中的数字化。

2. 教育部正在制定一项数字教育政策，重点内容是提高学生掌握数字技术的熟练程度，提高数字内容的质量，增强教师的能力，令使用数字技术成为教育领导者的文化，建设数字信息结构和基础设施，并强化有能力的合作伙伴之间的战略网络。

3. 出台多项国家法律规范，监管网络信息与数据安全。

内容重构	得分：5.660	排名：43

1. 2019 年推出的数字教育学习平台 DELIMa，提供学校系统内教师和学生所需的所有应用程序和服务，包括数字学习支持技术和资源。

2. 加强教育网络电视 Eduweb TV 上的学生电子学习视频库建设，提供涵盖马来语、英语、科学和数学科目的高质量短视频，以及来自其他提供类似电子学习内容网站的视频，如可汗学院或数学和科学的学习视频。

教学变革	得分：6.960	排名：3

1. 截至 2022 年 8 月 4 日，99% 的教师和 85% 的学生在教学与学习过程中积极使用 DELIMa，涉及教育部所有学校的 530 万名用户。

2. 建设了学校考试分析系统（System Analysis Peperiksaan Sekolah，SAPS）。

3. 建设了最佳教师授课视频库。它使得教师能够在线访问更多的示范性教学资源。视频库既可以被教师用来激发灵感，也可以被学生用作复习工具。

治理升级	得分：4.270	排名：47

1. 政府单一网关 MyGOV 提供跨机构的集成信息和在线服务，马来西亚的教育服务都集成在该平台，包括入学申请、查看成绩、查询学校等。

2. 根据《2021—2025 年第 12 期马来西亚计划》，将建立一个企业数据仓库和一个数据分析平台，以实现数据共享，支持政府各部门和相关机构的报告和决策。

3. 教育领域的数据网络安全保护在网络安全问题的国家级计划下执行。

沙特阿拉伯
Saudi Arabia

2024 全球数字教育发展指数
排名

19

人均 GDP（2022，$）	21,138.65
人口（2022，人）	36,408,820
国家财政性教育经费占 GDP 比例（2020，%）	7.81
学前毛入园率（2020，%）	21.79
小学毛入学率（2021，%）	—
中学毛入学率（2021，%）	—
高等教育毛入学率（2021，%）	—

沙特阿拉伯数字教育分维度发展水平

素养提升	得分：6.467	排名：31

1. 2018 年国家公共教育课程标准框架提出，应将技术融入学习领域，并在教学中利用技术。

2. 教育部制定《2018 年幼儿教育早期标准》（SELS），包含 STEM 等七项标准。

3. TALIS 2018 显示，71.80% 的教师对信息化教学准备充分。

4. 实施 Tatweer 教师复兴计划，为教师提供在其教学领域使用 ICT 的技能和专业知识。

5. 国际电信联盟（ITU）2020

年数据显示，78%的公民拥有基本ICT技能，64%拥有标准ICT技能，只有14%拥有高级ICT技能。

6. UIS 2022年数据显示，高等教育ICT毕业生占比为9.9%。

体系构建	得分：3.117	排名：22

1. 教育部2021年宣布，计划在下一学年用平板电脑取代学校的实体教材。

2. 教育部与通信和信息技术部在疫情期间为有电子学习需求的学生提供平板电脑、笔记本电脑和台式电脑。

3. 疫情期间，在全国范围内快速推出数字和远程教育，遵循教育连续性计划，开发在线平台和电子内容，通过网络视频和卫星电视向K—12学生开放教育资源和视频课程。返校后，学校实施了混合学习。

4. 部分学校有贯通式的课程学分互认体系。

制度创新	得分：4.290	排名：23

1. 2030年沙特阿拉伯愿景中包括"通过采用跨领域的方式引领数字经济"的战略，强调以教育为先的部门改革。

2. 2016年，24个政府机构制定了国家转型计划（NTP），其战略目标是缩小用户ICT的差距，发展信息技术部门，转向数字教育以支持师生进步，并在教育部门提供数字化服务和地理信息系统（GIS）。

3. 2023年《ICT行业战略》的愿景是"为互联和创新的沙特阿拉伯打造明天的数字基础"，其目标之一是"提高教育机会的公平性，特别是在农村地区"。

4. 教育部提出教育数字化转型计划，600万名学生将受益于电子学习和远程教育服务。

5. 国家电子学习中心采用了教育和培训的电子学习国家标准，包括：公共教育的电子学习标准、高等教育的电子学习标准、培训的电子学习标准、提供电子学习和培训计划的许可证列表。

| 内容重构 | 得分：5.220 | 排名：51 |

1. 国家电子学习平台 Madra-sati 的用户超过 600 万，用户订阅率达 98%。

2. 国家开放教育资源平台 SHMS，为 K—12 和高等教育机构提供阿拉伯语资源，用于在线教学。

3. 国家教育门户 iEN 提供书籍、测试、评估工具、指南、课程计划和录制课程等电子学习管理系统，供学生、家长、教师使用，还提供教学设计指南以及基于增强现实、虚拟现实、3D 技术的各种教育游戏、视频和内容资源。

| 教学变革 | 得分：5.805 | 排名：14 |

1. 2022 年，利用在线视频学习的网络用户占比为 51.10%。

2. National iEN Gate 是参与互动课程、作业、评估以及考试的平台。

3. 教育部提供 9 个互动数字平台和服务，支持学生进行在线学习。其中 Rawdati 和 Madrasati 平台为电子学习和远程教育提供了不同的运作模式，虚拟学校平台为偏远地区的在校学生提供服务，Ikhtebar 平台提供中心考试。

| 治理升级 | 得分：7.310 | 排名：21 |

1. 基础教育学生数据库和教育综合信息系统 Noor 可以用电子方式处理与学生成绩相关的所有信息，并显示统计数据及报告。

2. 学校数据库包含每所学校的班级、学生、座位、教育人员、实验室和公共设施数量的数据，可辅助决策。

3. 教育部 2020 年发布 Madra-sati 平台的使用和隐私保护政策文件，帮助教师、教育管理者、学校领导、行政人员和学生等用户在平台上保护和保存数据。

巴西
Brazil

人均 GDP（2022，$）	8831.13
人口（2022，人）	215,313,498
国家财政性教育经费占 GDP 比例（2020，%）	—
学前毛入园率（2020，%）	85.94
小学毛入学率（2021，%）	103.47
中学毛入学率（2021，%）	106.65
高等教育毛入学率（2021，%）	56.83

巴西数字教育分维度发展水平

素养提升	得分：7.535	排名：5

1. 出台国家规范性文件《共同课程基础》，明确将数字素养相关课程按照数字文化、数字技术和计算思维的三维架构，渗透到基础教育的所有阶段。

2. 除了在教育系统的课程基础中插入基本概念外，还鼓励提供数字技术、信息安全、网络安全、数据保护和隐私保护方面的技术课程和专业资格课程。

3. 89% 的教师在过去 12 个月内与学生一起开展过有关负责

任和批判地使用互联网的活动。TALIS 2018 显示，64.2% 的教师对信息化教学准备充分。

4. 31% 的成年人拥有基本数字技能。

5. UIS 2020 年数据显示，高等教育 ICT 毕业生占比为 3.91%。

体系构建	得分：2.037	排名：39

1. 82% 的小学有互联网接入，44% 的公立学校的网络连接速度可以达到 10Mbps。

2. 启动"加速增长计划"。"数字包容性"是该计划中的一部分，旨在 2026 年前实现 13.8 万所公立小学的网络连接。

3. 实施"每名学生一台计算机"项目，向公立学校的学生分发便携式计算机。

4. 建设了在线大规模开放课程平台 Aprenda Mais，提供了130 门不同知识领域的课程。自平台推出至 2021 年底，已有 4.5 万多名学生完成了课程。截至

2022 年 3 月，共有超过 15 万人报名，4.3 万名学生结业。

制度创新	得分：3.490	排名：33

1. 2009 年修订的《公民教育指导方针和基础法》提出要发展数字教育。

2.《互联教育创新政策》《巴西数字化转型战略 2022—2026》《巴西国家人工智能战略（2021年）》等多个战略文件中包括数字教育政策内容。

3. 2022 年，众议院批准了国家数字教育政策。

内容重构	得分：6.380	排名：36

1. 建设了多个在线学习平台，包括在线课程平台 Aprenda Mais、在线教育平台 AVAMEC 等。

2. 数字教育资源集成平台 MEC RED 是一个动态空间，其中有高效的搜索工具，提供 31.8 万个数字教育资源。

3. 在线课程平台 Aprenda Mais 为全国各地的学生提供免费课程。

4. 在线教育平台——AVAMEC 平台上基于科学的识字在线课程有 17.3 万名注册用户，在 AVAMEC 所有课程中排名第 2，点击量超过 300 万次。

教学变革	得分：5.475	排名：17

1.《国家教育计划（2014—2024 年）》鼓励在学前教育、基础教育、高等教育各个学段实施数字化教学。

2. 94% 的教师在过去 12 个月内使用数字教育资源为学生准备课程或活动。

3. 在所有教师中，82% 的人表示他们在调查前的 12 个月内在互联网上向学生提供教育内容，81% 的人通过互联网接收学生的作业和活动成果，75% 的人使用互联网评估学生的表现。

4. 教育部于 2021 年 10 月 7 日启动诊断和形成性评估平台，可用于诊断学生学业水平。

5. 建设了教师门户，提供每个学科的课程和视频、照片、地图、音频和文本等资源，以及中小学教师之间交流经验的空间。

治理升级	得分：7.060	排名：24

1. Rede Aprender 是教育互操作性和数据分析国家平台，通过数据集成、分析，改善管理服务流程，促进沟通协作和战略决策。

2.《第 13.709/2018 号法律（通用数据保护法–LGPD）》对如何进行教育行动等领域的数字数据安全监管有明确要求和详细指导。《第 4.979/2021 号法令（人工智能战略）》提出，要评估将人工智能技术纳入学校环境的方法，考虑到儿童和青少年的特殊情况，以及他们保护个人数据的权利。

3. 教育部采取了一系列教育数据安全保护行动，包括制定个人数据和隐私保护制度、成立信息安全和个人数据保护委员会等。

后 记

2024 年 1 月 31 日，在中国教育部、中国联合国教科文组织全国委员会、上海市人民政府共同主办的 2024 世界数字教育大会上，中国教育科学研究院正式向海内外发布了全球数字教育发展指数。本报告为该研究的重要成果之一。

本报告系在教育部党组部署和领导下，在中央网络安全和信息化委员会办公室，教育部办公厅、科学技术与信息化司、国际交流与合作司（港澳台办公室）等指导和支持下，在中国教育科学研究院院领导统筹领导和科研管理处协调下，由教育统计分析研究所牵头，组织比较教育研究所、教师发展研究所、高等教育研究所、教育评价与督导研究所、基础教育研究所、德育与学校党建研究所、教育财政研究所、教育战略与宏观政策研究所、教育法治与教育标准研究所、劳动与社会实践教育研究所、教育体制机制改革研究所、心理与特殊教育研究所、教育理论研究所、体育美育教育研究所、职业教育与继续教育研究所、数字教育研究所、国际合作交流处（港澳台办公室）、总务处、中国德育杂志社共 20 个部门的研究人员组建课题组，并在充分借鉴国内外相关研究成果的基础上完成。

在研究过程中，课题组通过电子表格或调查问卷的形式，向经济合作与发展组织（OECD）教育与技能司推荐的来自 30 个国家的 40 位数字教育领域国际专家及教育部教育数字化专家咨询委员会全体专家进行了深入而充分的意见征询。此外，课题组还得到了来自爱尔兰、奥地利、比利时、冰岛、俄罗斯、荷兰、瑞典、意大利以及印度尼西亚的我国驻外机构的鼎力支持，开展了各国证据资料的补充征集工作。

本报告的完成汇聚了集体的智慧。报告执笔人包括：李永智、马晓强、祝新宇、魏轶娜、金龙、罗李、何春、刘大伟、马筱琼、崔吉芳、姜宇佳、万歆、车明佳。报告主要研究成员包括：赵章靖、张冲、秦琳、包昊罡、王轶晰、康建朝、王玲、刘妍、来棸雄、张珊、吴云雁、刘洋、蓝文婷、张文静、王楚、程蓓、左晓梅、杨希洁、黄郭钰慧、王学男、孙蓍蓍、郗延强、郭潇莹、何蕊、周帆、侯金芹、陈阳、苗小燕、罗媛、盛夏、冯雅静、花昀、英成金、楚晓琳、肖玫杉、刘在花、吴扬、武卉紫、宗诚、王斌、刘玉娟、刘文权、金维民、王佳宁、杨阳、赵迎结、邢碧倩、郑小玉。教育科学出版社负责本报告的审校、装帧设计、印刷以及中英文版本出版工作，主要参与人员包括社长兼总编辑郑豪杰、学术著作编辑部主任翁绮睿、责任编辑秦欢。

未来，全球数字教育发展指数报告将持续追踪各国数字教育发展最新进展、重点关注全球数字教育发展最新动向，以期更大范围凝聚共识、共同营造全球数字教育发展新生态。欢迎各国数字教育专家学者持续关注、积极参与。最后，再次向给予本研究帮助支持的所有领导、机构、专家和同事一并致以衷心的感谢！